KB211028

나는 일본 응징하는
국제정의 독립군

나는 일본 응징하는 국제정의 독립군

ⓒ 박경철, 2024

초판 1쇄 발행 2024년 10월 7일

지은이	박경철
펴낸이	이기봉
편집	좋은땅 편집팀
펴낸곳	도서출판 좋은땅
주소	서울특별시 마포구 양화로12길 26 지월드빌딩 (서교동 395-7)
전화	02)374-8616~7
팩스	02)374-8614
이메일	gworldbook@naver.com
홈페이지	www.g-world.co.kr

ISBN   979-11-388-3556-5 (03340)

- 가격은 뒤표지에 있습니다.
- 이 책은 저작권법에 의하여 보호를 받는 저작물이므로 무단 전재와 복제를 금합니다.
- 파본은 구입하신 서점에서 교환해 드립니다.

나는 일본 응징하는 국제정의 독립군

유엔 워싱턴 IAEA 등에서 한반도 수호 위한
일본 핵무장 군사대국 목숨 건 응징, 30여년 항쟁

박경철 지음

좋은땅

나의 일본 응징은 현재진행형이고
국제정의를 향한 인류의 보편적 가치다

"'갈리' UN 사무총장, 신중치 못하게 되풀이되는 귀하의 일본편향 언행으로 국제정의와 공정성이 심각히 훼손됨을 강력히 경고합니다."
　　－ 저자가 UN 사무총장에게 보낸 긴급항의서한, 1994.11.

이 책을 구상하고 집필하는 데 꼬박 10년의 긴 시간이 흘러갔다. 글로 쓴다는 게 생각보다 쉽지 않아서 사실 몇 번이나 집필을 중단하기도 했다.

그럴 때마다 마음을 다잡을 수 있었던 것은 내 마음속에 있는 한 권의 책 때문이었다. 2000년 퓰리쳐상을 받으며 미국 출판계에 돌풍을 일으켰던 『히로히토 평전, 근대 일본의 형성』은 역사학자인 미 하버드대 '허버트 빅스' 교수의 역작이다.

그의 역사를 보는 안목은 탁월했으며 글은 놀라우리만큼 정교했다. 2차 대전 전범인 일왕 '히로히토'의 죄상을 빠짐없이 낱낱이 밝혀냈다.

맥아더가 도쿄 전범재판에서 전범들을 교수형에 처했지만 1급 전범 '히로히토' 일왕을 살려 둔 것은 온정을 베푼 것이 아닌 이용 가치가 있기 때문이었다고 솔직히 밝히고 있다. '히로히토'가 사망한 지 10년 후에 '허버트 빅스' 교수는 이 책을 출간하며 일본군의 한국인 학살, 난징 학살, 만주 731부대의 생체 실험과 집단 살육 만행을 세상과 역사 앞에 발가벗겼다. '히로히토'는 죽어서도 역사의 부관참시를 당했다.

우리는 피해 당사자국으로서 왜 이런 책 한 권이 없을까.
자괴감이 들었다.

'허버트 빅스' 교수가 일본의 비인도적 전쟁 범죄를 책 한 권에 담아서 세상에 폭로한 것처럼 저자 역시 저들 미·일 강대국들의 오만과 불의, 반칙의 음모에 맞서 국제정의를 향한 진실의 역사를 쓰기로 결심했다.
왜 30여 년을 일본 군국주의와 핵무장을 응징, 저지해 왔는가를 마치 수술용 핀셋으로 정교하게 집어내고 그리고 빠짐없이 기록해 전 인류 앞에 밝혀야 한다는 나에게 주어진 사명을 마음속 깊이 담았었다.

이 책을 쓰는 오랜 시간 동안 저자가 전 지구적인 일본 응징을 위해 유엔, IAEA, 미국, 영국, 프랑스, OECD 등과 부딪치며 크고

작은 그리고 숱하게 많은 역사의 순간들을 만났다.

저자는 그때마다 "지금 현재의 사실은 과거에 비춰질 때만 완전히 이해될 수 있다."는 경구를 되새기며 겸허한 마음으로 역사와 진실에 다가갈 수 있었다.

회고컨대 지난 30대, 40대, 50대의 젊음을 모두 바쳐 중장년의 세월에 접어든 지금까지 인고의 고통과 각고의 힘든 고난의 길을 자청해 걸어왔다.

이 세상은 강력한 힘을 가진 상대를 맞서지 않고 피한다. 누구나 초강대국 미국과 프랑스나 영국에 반대하는 세력은 거의 없다.

오직 저자는 나 홀로 이들과 치열히 싸웠다.

인류 평화와 국제정의를 위해서 유엔적국 일본에 맞서서 온 몸을 던져 저항했고 30여 년을 후회 없이 싸워 왔다.

이 책은 이 모든 역사의 사실을 담아 인류에 바치는 저자의 눈물과 땀과 피의 역사 그 결정체임을 고백한다.

프롤로그

"미국의 일본 핵무장 지원은 국제질서 파괴 행위!"
- 저자, 미 CNN·NBC·PBS·LA타임즈 등과 외신 인터뷰
(미 하와이, 1991.12.7. 진주만 공격 50주년 행사장에서)

아메리카 대륙의 인디언들은 불과 130여 년 전에 그들이 태어나서 평생을 살았고 이름지었던 '위대한 강'인 미시시피강 동쪽 요지에서 척박한 서쪽의 변방으로 축출당했다.

1829년 수많은 인디언들을 강제로 몰아냈던 대표적 미국인 중에는 인디언 추방을 직접 지휘한 미국 대통령 '앤드류 잭슨'과 미 건국의 아버지 '토마스 제퍼슨' 전 대통령 등 수많은 미국의 지도급 리더들이 포진해 있다. 미국인들이 기억하기 싫어하는 인디언 학살과 핍박의 끝은 수십, 수백만 명의 인디언들이 희생됨으로써 1890년 12월 사우스 다코다주 '운디드니'에서 막을 내렸다.

희대의 학살자는 또 있다.

나치 독일의 히틀러가 '미시시피강'에서의 인디언 학살의 역사를 재연하면서 스스로 학살자임을 자인했기 때문이다. 히틀러는 "우리의 미시시피강은 아프리카의 니제르강이 아닌 동 유럽의 볼가강."이라면서 독일군들에게 아우슈비츠가 있는 폴란드 침공과 유대인 대학살을 명령했다.

학살자들의 만행

히틀러를 뺨치는 학살자는 일본의 도요토미 히데요시와 히로히토 일왕이다.

430여 년 전 임진왜란을 일으켜 한반도를 침공한 도요토미 히데요시의 명령 1호는 "조선인들을 모조리 죽여 몰살시킬 것!"이었고 명령 2호는 "텅 빈 조선 땅에는 일본 서도(西道) 사람들을 이주시키라."였다.

2019년에 출간된 미 컬럼비아대 고 김자현 교수의 유고집 『임진전쟁과 민족의 탄생』에 의하면 "1593년 5월 18일 일본군은 경성에서 발견된 모든 백성을 죽였고 요새 밖의 모든 집을 불태웠다."고 기록하고 있다. 또 『난중잡록』에서는 "왜적들은 모든 조선인을 죽일 것."을 명했다고 기술되어 있다.

『선조수정실록』은 보다 구체적으로 "왜적이 경성 백성을 대량 학살했다."고 전하고 있다.

임진왜란 당시 조선 인구 절반 줄어, 일본군의 대학살

임진왜란 7년간 당시 조선 인구 3분의 1 이상이 왜적들에게 살육당하는 대참사가 일어났다. 일설에 의하면 임진왜란 종전 후 실제 조선 인구는 거의 절반으로 줄었다고 전해진다.

이 천인공노할 임진년 대학살의 참극을 두고 1763년 조선 실학자 이덕무가 남긴 한 맺힌 글 한 편이 지금도 인구에 회자되고 있다.

"팔도의 생민(生民)이 남음이 없었으니 구세(九世)의 원수를 잊기 어렵구나…"

또 한 명의 왜적 수괴 학살자 히로히토는 700만 명 이상의 조선인들을 강제 연행, 납치해서 2차 대전 전장터의 총알받이로 몰아넣었다. 학살자들 저주의 피를 '도요토미 히데요시'에게 수혈받은 '히로히토'는 인류사상 최악의 대표적 학살범이다.

특히 히로히토는 2차 대전에서 패망 후 강제 연행한 수많은 조선인 젊은이들을 태평양 섬이나 중국 등에서 집단 학살하는 만행을 저질렀다. 특히 사람이 살기 어려운 척박한 사할린 같은 동토에 유기하는 반인도적인 전쟁 범죄의 증거가 차고 넘쳐 산을 이뤘는데도 미국은 히로히토를 처형하지 않는 어리석은 역사적 범죄를 스스로 자초했다.

히로히토의 학살자 피를 이어받은 나카소네, 고이즈미, 아베 등 학살자와 A급 전범의 자식들이 신군국주의 일본의 총리가 되어 역사 조작, 군국주의 부활, 핵무장 등 국제법을 위배하고 국제 사회에 정면으로 도전하는 반인류적인 범죄를 자행했다.

미국은 일본을 핵무장시키고 세계 최대의 플루토늄 100톤의 보유를 허용하는 국제정의에 반하는 씻을 수 없는 오점을 남겼다.

특히 미국은 사실상 일본이 다른 국가와 어떤 제약도 받지 않고 전쟁이 가능할 수 있도록 일본군 자위대의 해외 파병(PKO)을 승인했다.

따라서 미국은 2006년 오바마 미 대통령이 사실상 일본의 헌법 9조를 개정한 효과와 똑같은 일본군의 '집단적 자위권'을 공식적으로 승인함으로써 일본은 2차 대전 후 유엔 헌장 제53조와 107조에 명시된 유엔 적국조항 외에는 모든 것이 정상적인 보통 국가로써 국제 사회에 등장했다.

아시아는 미·일의 국제법 파괴로 전전의 '아방가르드(Avant-garde)' 상황으로 전환

이로써 아시아 지역은 유럽이나 미주 지역을 제외한 2차 대전 후 아프레게르(Apres-guerre), '전후(戰後)'로부터 아방가르드(Avant-garde), 즉 '전전(戰前) 상황'으로 시계를 거꾸로 돌려놓은 지 30여 년이 흘렀다.

지난 30여 년간 일본과 미국은 국제 질서의 흐름을 자신들 멋대로 중단시킨 채 일본 군국주의 부활과 핵무장을 힘으로 밀어붙였다.

미국과 일본은 자신들의 죄과를 은폐하기 위해 한민족 간의 남북 갈등과 전쟁 분위기 조성, 분단된 남북의 약점을 악용한 온갖 모욕과 회복키 어려운 상처를 한민족 구성원들에게 남긴 것을 잊어서는 안 된다.

내가 일본을 응징하기 시작했던 바로 이 시점이 1982~1983년이다. 미국과 일본의 핵무장과 군국주의 부활 프로젝트가 본격화된 바로 그때다.

이 시기는 미국의 레이건 대통령과 일본 나카소네 총리가 한통속이 되어 2차 대전 전후레짐(Regime)을 깨뜨리고 국제 질서를 파괴하기 시작한 원년이다. 바로 이 시점인 1988년 워싱턴을 찾은 나카소네와 레이건의 미·일 원자력협정이 극비리에 이뤄졌다. 2차 대전 패전국이며 유엔적국인 일본의 핵 재처리 과정에서 플루토늄과 우라늄을 무제한 추출할 수 있는 사실상 핵무장을 용인하는 비극의 출발이었다.

1969년 미·일 핵 밀약은 제2의 가쓰라·테프트 밀약

미국은 이미 일본과 가쓰라·테프트 밀약과도 같이 국제정의와 국제법상 사실상 있을 수 없는 핵 밀약을 체결한 것이 뒤늦게 밝혀졌다.

1969년 11월 19일 리처드 닉슨 전 미국 대통령과 사토 에이사쿠 일본 총리 간에 비밀 핵 밀약이 체결되었던 것이다.

결국 또다시 한반도는 미·일에 의해 철저히 배제된 채 미·일 핵 밀약의 피해자가 된 명백한 증거다.

저자의 일본 응징은 국제정의 서막의 몸부림

나는 지난 30여 년간 일본 핵무장과 일본 군국주의 저지와 그들의 심판을 위해 전 세계적으로 강력한 '일본 응징'을 펼쳐왔다.

미국의 일본에 대한 패권적이며 맹목적인 핵무장과 군사대국화 지원에 반대하면서 과거 역사의 오욕을 바로잡고 국제정의를 바로 세워야 한다는 나의 호소에 세계는 귀를 기울여 줬다.

2014년 아베가 총리 재임 시 미국에 대한 일본의 굴종과 야합의 대가로 결론적으로는 평화헌법 제9조는 이미 개정된 것이나 다름없음을 뜻한다.

미국 역사의 치명적 오점, 오바마의 중대한 실책

오바마는 즉시 전쟁이 가능할 수 있는 '집단적 자위권' 행사를 승인했다.

이로써 '평화헌법 9조'를 법률로써 대체할 수 있는 '집단적 자위권'은 뼛속까지 군국주의자 아베와 미국의 야합으로 억지로 만들어진 탐욕스러운 괴물일 뿐이다.

이제 남은 것은 세계 최대 100톤의 플루토늄 보유국인 일본의 핵무장 선언뿐이다. 특히 신군국주의 부활을 추진한 일본군의 재무장과 핵무장 성공은 앞서 지적한 '집단적 자위권' 도발로 이어질 것이며 그 첫 번째 타깃은 한반도가 될 가능성이 가장 높다고 그간의 연구나 분석을 바탕으로 전망한다.

특히 아베 생존 시 아베와 후임 기시다 일본 총리가 돌아가면서 북한의 적 기지 공격과 타격설을 강조했던 이유는 한 가지다.

즉, 문자 그대로 결국 일본은 한반도를 겨냥하고 있음이 내가 지난 30여 년간 일본을 응징하는 동안 체감한 본능적 결론이다.

30여 년 전의 옛날이야기를 다시 재생해서 과거를 복기한다는 것은 매우 어려운 작업이다.

그러나 한 국가가 생존을 중심으로 연명해 온 핍박과 예속의 흔적이 흔히 역사가 될 때 그 기억을 되살리려는 붓의 끝은 더 날카롭고 정교하게 다듬어질 수 있다고 본다. 지금의 나의 심경이 그렇다.

일본은 역사적으로 힘센 자를 쫓는 불나방

미 하버드대에서 정치학을 30여 년을 강의했던 고 새뮤얼 헌팅턴 교수는 그의 명저 『문명의 충돌』에서 지나치리만큼 유착된 미·일 관계를 역사적 관점에서 냉철히 분석했다.

"일본은 역사적으로 힘이 센 국가를 쫓아다니며 생명을 부지해 온 국가다. 20세기 초의 영·일 동맹, 2차 대전 독일과의 동맹, 그리고 1950년부터 이 시각까지 미·일 동맹으로 이어지는 행태를 보이고 있다. 결국 이 상황은 중국이 급부상할 경우, 일본은 미국을 버리고 중·일 동맹으로 급격히 유턴할 가능성이 매우 농후하다."

1991년 12월 7일 미 하와이 '진주만 피습 50주년 기념행사'에서 나는 미국 최대 공영방송인 PBS와 NBC, CNN, 로이터통신 등과의 특별 인터뷰에서 "미국이 유엔 적국이며 전범국인 일본을 핵무장시킬 경우 미국은 전후레짐(Postwar Regime)과 국제 질서를 파괴한 인류의 공적으로 심판을 피할 수 없을 것."이라고 경고했었다.

난 또 "새무얼 헌팅턴의 일본 예측대로 미·일 안보협약의 고삐가 풀리는 날 일본은 제2의 진주만 공격을 감행할 것."이라고 강력히 경고했었다.

동북아, 한반도 향후 2~3년 내 일본 핵무장 군국주의 선언 예상

나는 기회만 있으면, 1991년 UN 기자회견과 1992년 일본 자위대(PKO) 파병 반대 외신기자 회견에서 미국의 과도한 미·일 군사적 유착 중단을 강하게 촉구해 왔다.

한반도는 향후 2~3년 안에 핵무장과 군국주의, 집단적 자위권 등 트로이카 체제를 갖춘 군사대국 일본의 존재로 인해 군사적 충돌 등 예상치 못한 심각한 상황으로 치달을 가능성이 현저하다. 그 징후들은 지금 한반도와 동북아 곳곳에서 포착되어 감지되고 있다.

'아베'의 사망은 늘 긴장감에 휩싸여 있던 퍼펙트 스톰의 한반도와 동북아를 거센 풍랑 속으로 빠져들게 하고 있다.

이미 '기시다' 총리가 '아베'의 유훈인 헌법 9조 개헌을 기정사실화하고 있는 일본의 지금은 군국주의자들과 강경파, 극우만 판칠 뿐 국제정의나 이성과 양심은 이미 실종되었다.

역사적으로 일본의 현대사 중 최악의 국가적 패배와 트라우마는 크게 나눠서 2차 대전과 후쿠시마 핵 원전 폭발 참사로 볼 수 있다.
나는 이 두 가지 사건을 집약해서 표현하자면 똑같은 인류에 대한 전쟁 범죄였다고 주장한다.

일본은 2차 대전 중 자행한 반인륜적 학살, 강제 연행, 노역, 위안부 문제 등 어느 것 하나 제대로 해결한 것도 없고 해결 의지도 없었다. 오히려 가해 역사를 송두리째 부정하고 역사 왜곡을 일삼아 왔을 뿐이다.

일본의 '후쿠시마' 핵재앙은 전쟁을 위한 핵무장 중 발생한 '전쟁 범죄'

후쿠시마 핵재앙은 처음부터가 미국의 동북아 안보 전략으로 중국과 러시아를 견제키 위한 일본의 핵무장과 군국주의 부활의 도에서 일본에 세계 최대의 플루토늄 저장고와 농축우라늄 창고를 비밀리에 유지하다가 터져 버린 전쟁을 위한 핵개발 과정 중 발생한 가공할 '전쟁 범죄'다.

사실상 '후쿠시마 원전 폭발' 이후 일본은 심대한 국가적 타격을 입었으며 추정컨대 일본 전역에 플루토늄-239에 대한 방사성 물질의 반감기는 상상조차 어려운 24,300년이다.

또 세슘-137은 30년의 반감기다. 그야말로 죽음을 넘고 또 넘어서 지구가 존재하는 동안 줄줄이 대를 이어 후손들이 죽어 나가는 저주의 공포인 '시지프스의 신화'를 연상케 한다.

일설에 의하면 도쿄를 비롯한 동북부 지역 상당수 일본인들이 후쿠시마 폭발 시 가장 강력한 플루토늄 독성 물질인 MOX(플루토늄 우라늄 혼합물)에 의해 피폭되었다고 알려져 있다.

그런데 일본 정부는 '아베'가 죽은 지 한 달도 안 된 2022년 7월

21일, '후쿠시마 핵 오염수'를 태평양으로의 전면 방류를 공식 발표했다.

'2차 대전 전쟁 범죄' 청산과 사죄도 외면한 일본의 이성과 양심은 예상대로 '후쿠시마 전쟁 범죄'에서도 바닥을 치고 있다.

인류 전체에 대한 핵 테러인 오염수 방류는 수개월 내에 인류의 파멸처럼 시작될 것이다. 예상대로 일본에 핵을 지원하고 막대한 대가를 챙긴 미국과 IAEA는 일본의 오염수 방류를 지지하고 있다.

프랑스, 벨기에 등도 일본과 불법적으로 비밀리에 '플루토늄' MOX를 추출했다.

MOX는 문제의 대폭발을 일으켰던 후쿠시마 제1원전 3호기에 저장되었던 반감기 24,300년의 가공할 최악의 핵 방사능 물질이다.

'쓰루가' 고속증식로와 '롯카쇼무라' 폭발 때는 인류 전체가 '아마겟돈'과 같은 피해

인류가 직면한 가장 중차대한 지구 멸망의 신호는 후쿠시마 핵 원전보다 예상 지진이나 해일이 가장 규모가 심각할 것으로 추정되는 '후쿠이'현 '쓰루가' 고속증식로와 '롯카쇼무라' 핵 연료 재처리 공장이다. 후쿠시마와는 비교도 안 되는 '아마겟돈' 같은 멸망의 재앙이 현실로 올 수 있다. 수십 톤의 대규모 핵무기 제조용 '플루토늄'이 산을 이루고 있는 사실상 핵무기 저장소다.

이들 중 한 곳이라도 폭발해서 지구의 북반구 한 축이 날아가거나 사라지게 된다면 우리 인류도 살 수 없게 되는 산지옥이 될 수밖에 없을 것이다.

나는 지난 30여 년을 끝까지 일본 핵무장 군국주의 세력들과 일본 핵개발을 응징하고 저지해 온 한반도 독립군으로서 후쿠시마 핵 오염수 방류에 대해 반드시 원인 제공자와 조력자에게 전 지구적 책임을 물어야 하며 전 인류가 공동 대응해야 하는 의미에서 중대 제안을 하고자 한다.

후쿠시마 핵 원전 대참사 직후 2012년 총리에 취임한 '아베'는 '후쿠시마 원전 재가동'을 공식 지시했었다. 따라서 당시 국제 여론이 '후쿠시마 원전 폐로' 방침에서 핵무장파 군국주의자 '아베'의 재가동 지시로 인류 사회 전체에 심각한 고통과 피해를 준 책임을 물어야 한다.

일본은 프랑스로 보낸 사용 후 핵연료에서 추출된 플루토늄을 다시 '벨기에'로 보내 MOX 연료 제조를 의뢰했으나 '일본과 벨기에' 간에 원자력 협정이 체결되어 있지 않기 때문에 이 거래는 국제법상 불법 거래였다. 이 불법 추출 연료인 MOX가 후쿠시마 폭발 재앙의 원인 핵물질이었다.

따라서 국제법상 일본의 핵물질 취득의 불법, 탈법임을 알고도 묵인해 준 국제원자력기구(IAEA)도 공동 책임을 면할 길이 없다.

IAEA와 일본의 후쿠시마 핵물질 무단 방류는 명백한 유엔협약과 국제법 위반

2023년 7월 22일 일본 정부의 방사능 오염수 무단 방류 결정은 국제법상 첫째, '해양법에 관한 유엔협약 위반' 사항을 위배하는 것이고 둘째, '국제해사기구의 런던협약' 위반이다.

대한민국 정부는 내가 독립군으로서 일본군과 30여 년 간 싸우고 응징하는 과정에서 축적한 일본 핵 원전 불법 방사능 물질의 취득 과정 중 국제법상 위반 사항을 확인하길 바란다.

대한민국 정부는 그 이후 유엔(UN) 국제사법위원회와 국제사법재판소에 '일본'과 'IAEA'를 공동으로 제소하고 방사능 물질로 인한 피해배상과 향후 24,300년의 MOX 반감기까지 예상 피해액까지 손해배상을 요구해야 한다.

이제 일본과의 최후 일전을 남겨 놓고 있다.

일본과의 최후 일전, 전 인류가 응징에 나서야

전후레짐(Postwar Regime)은 미국에 의해 이미 파괴되었고 미국을 업은 일본의 호가호위 핵무장 놀음에 '국제 질서'와 '국제법'은 모두 파괴되었다.

나와 우리 한반도는 더 이상 뒤로 물러설 길이 없다.

더 이상 꿇을 무릎도 없다.

◆

감사의 말씀

"개정 헌법 전문에 3·1 독립운동의 정신을 극대화하여 전문
서두에 명기할 것을 촉구한다."
- 저자의 특별성명에서, 《조선일보》·《동아일보》, 1987.7.17.

지난 40여 년 간 한반도 수호와 국익을 지키기 위한 항일, 대일
역사 왜곡 시정, 일본 군국주의, 핵무장 응징과 저지운동을 국내
외에서 전개하며 일본과 싸우는 동안 저자는 이 땅의 수많은 선각
자와 애국지사님들 그리고 역사의 증인들을 만나 뵐 수 있는 영광
을 누릴 수 있었다.

가깝게는 작년에 향년 95세로 서거하신 애국지사 지익표 변호
사님과 지금은 모두 하늘의 별이 되신 애국지사 이옥동 광복회 부
회장님 등 〈민족회〉의 대표님들을 모시고 유엔 본부, 진주만 50주
년 피습 현장, 사할린 동포 구조 활동, 일제 피해자와 불법 침략 한
반도 분단 책임을 묻는 대일민족소송을 위해 일본 도쿄지방재판

소를 수십 차례 왕복했던 지난 30여 년의 풍찬노숙 길을 회상하면 우선 회한과 눈물부터 나온다.

1980년대 일본의 본격적인 일본 자위대 재무장, 군사대국화, 역사 왜곡, 군국주의 부활, 전쟁 준비 헌법 개정, '플루토늄' 세계 2위 비축, 핵무장 등은 미국의 허용과 묵인하에 유엔 적국 일본을 재무장시키는 미국의 중대한 실책으로 국제정의와 질서가 도미노처럼 붕괴되는 참담한 시기였다.

한반도와 민족의 위기를 본능적으로 느낀 이 땅의 수많은 항일 애국지사, 수많은 국민들이 일본의 한반도 재침을 심각히 걱정하는 상황에서 자연스럽게 항일, 극일의 광장에 참여했다.

저자는 30대의 청년이었기에 또 애국지사의 후손이었기에 앞장서서 항일전선을 구축해 나갈 수 있었다. 가깝게는 평소 존경하는 애국지사 김경빈 광복군 장군님, 백범 선생의 비서이신 선우진 애국지사님, 안윤기 애국지사님, 애국지사 정영국 독립군동지회장님, 학병을 탈출한 광복군 석근영 애국지사님들을 모시고 일본의 군국주의 부활 저지와 핵무장 음모 응징을 위해 1989년 미국 워싱턴 국무부와 미 의회를 방문해 일본 재무장 지원 중단을 미국에 강력히 요구하는 국제적 항쟁을 시작했다.

저자는 1991년 33개 민족운동단체가 연대한 〈대일침략청산촉구한민족회〉 공동대표로 선출되어 일본의 신군국주의와 핵무장을 강력 견제하고 비판하는 범국민운동, UN, IAEA 등에서의 NGO 국제시민운동을 펼쳐나갔다. 1990년대는 이강훈 광복회장님, 상해 임정의 국무위원, 조경한 애국지사와 박영준 애국지사가 참여하는 〈바른 역사를 위한 민족회의〉를 결성했다. 이때 기독교계의 양심적 지도자로 존경받는 김관석 목사님(CBS 사장, NCCK 총무 역임)과 대한불교 조계종의 서경보 스님, 최익환 천도교 종법사님, 함세웅 신부님, 이효재 교수님들이 공동대표로 참여했다. 해방 50주년을 맞아 일본의 군사대국화 저지를 위해 결집된 힘이 모아지는 시기였고 특히 이때 만나 뵈었던 많은 애국지사님들과 함께 안중근 의사의 5촌 조카이신 안춘생 애국지사님(광복군·대한민국 육군 중장)은 저자의 선친인 故 박성문 육군 중령(낙동강 최후방어선 사수·한국전쟁 영웅)과 육사 8기 특별반 동기생 인연이 있어서 오래전에 별세하신 부친을 뵙는 것 같은 감격의 시간을 잊을 수 없다.

외국에서도 많은 선각자님들이 우리의 항일, 민족운동을 진심을 다해 도와주신 데 깊은 감사를 드린다. 어려운 고비마다 힘을 주신 해외 동포들께 감사드린다.

미 연방의회 하원 국제소위원회 위원장인 '퍼트닉 스타크 (Fortney Stark)' 의원은 일본의 핵무장 반대를 미 정부에 강력히 제기했고 의회결의안까지 채택했다. '멀빈 디말리' 연방 하원의원, '단드 패설' 미 연방 하원의원, '로저 부룩스' 헤리티지재단 아시아센터 소장, 부루킹스연구소 '슈테판 테스' 박사, 세계적 역사학자 미 코네티컷대 '알렉시스 더든' 교수, 미 하워드대학 이영호 교수, 뉴욕 변종덕 한인회장, 함석홍 선생, LA의 전설적인 김진형 한인회장, 도산 안창호 선생의 영애이신 고 수잔 안 여사님의 격려와 도움에 깊이 감사드린다.

그리고 프랑스 국방 전문가 '빠트리(Patry)' 박사, 전 서유럽동맹 사무총장 '까엔(A. Cahen)' 대사, 프랑스 방위전략 전문가 '뒤프르(M. Jean-Louis Dufour)' 교수께도 감사드린다.

또 하와이 한인회 김정남 회장, 문병호 사무총장께 감사드린다. 늘 민족의 앞날을 위해 역사의 현장에서 저자를 격려하며 항일전선을 주도했던 고 김원웅 전 국회외교통일위원장, 김삼웅 독립기념관장, 이자현 동학통일회장께도 깊은 감사를 드린다.

또 오랜 시간을 저자의 국제적 국익운동에 격려와 힘을 주신 고 김윤태 박사, 유인선 강북문화재단 이사장, 이만천 KBS PD에게도 감사드린다. 또한 늘 변함없이 응원해 주고 힘이 되어 준 미 뉴욕대 석사 유명현 대표, 아동문학가 조경화 회장, 소프라노 김진희 교수께도 감사를 드린다. 지면상 모든 분들을 소개하지 못하는 점을 안타깝게 생각하지만 저자의 마음을 헤아려 주시리라 믿는다. 끝으로 이 책을 출간해 주신 출판사 여러분께 감사드린다. 특히 지난 40여 년간 저자에게 큰 힘과 용기를 준 동지이자 아내인 사랑

25

하는 이필숙에게 깊은 감사를 전한다.

이 책은 한반도 수호와 국익을 위해 지난 30여 년간 일본과 혈투를 벌인 생생한 증거다. 또 이 책은 일본을 응징하는 미래를 향한 현재 진행형이다. 이 책은 많은 국민들이 특히 젊은 세대들이 꼭 필독해서 불행한 역사일수록 되풀이될 수 있다는 역사의 무서운 교훈을 깨닫길 희망한다. 또 이 책이 예속과 속박의 굴레를 모두 벗어던지고 위대한 한민족의 통일이 활짝 열리는 작은 밀알이 될 수 있기를 하나님께 진심으로 기도드린다.

2024년 저자 박경철 올림

차례

저자의 소회   4

프롤로그   7

감사의 말씀   22

I. 루비콘 강 건너는 일본 핵무장 온몸으로 저지하다

⑴ 저자, CNN, BBC 등 전 세계 언론에 일본 핵무장 폭로
   외신 기자회견(미 하와이 펄 하버)   35

⑵ NO, 한반도 공중 폭격, 일본 플루토늄 70kg 은닉,
   IAEA에 강력 항의   39

⑶ 저자의 긴급 항의서한, IAEA 사무총장에게 발송   48

⑷ IAEA 대변인이 저자에게 긴급 회신 보내옴   51

⑸ 저자, 빌 클린턴 미 대통령에게 긴급서한 발송   59

⑹ 저자, 스타크 미 하원 국제관계소위원장에게 긴급 서한 발송   67

II. 일본 응징은 통찰의 선제적 방어 전략

⑴ 내가 짊어진 십자가, 일본 응징은 한민족 한반도 방어전략   72

⑵ 30대 청년 저자, 일본 공사 반역사성 응징하다   89

⑶ 일본의 반인도적 전쟁 범죄는 공소시효 없다   93

⑷ 온몸으로 강력히 저항한 일본 자위대 해외 파병(PKO)   97

⑸ 저자, 일본 군국주의 부활 반대 내외신 긴급 기자회견   102

III. 미국의 일본 군국주의 허용은 세계 평화 파괴 실책

(1) 일본아 미국아 더 이상 무릎 꿇을 수 없다   **110**

(2) 미국, 중대한 실수하고 있다   **128**

(3) "일본 자위대는 방위 목적에만 국한된 원칙"   **133**

(4) 저자, 세계적 역사학자 '더든' 교수와 '독도 문제 대화',

     "역사는 있는 그대로 보는 것"   **137**

(5) 조지 W. 부시 미 대통령께 보내는 저자의 긴급 서한,

     "일본 군사재무장 허용은 미국의 치명적 오점"   **141**

IV. 전 세계에서 펼친 저자의 전 지구적 일본 응징!

(1) 저자, 미 워싱턴(Washington D.C.)에서 일본 군국주의 응징   **148**

(2) 저자, 미 진주만(Pearl Harbor)에서 전 세계 언론 앞에 일본 핵무장

     음모 응징! 미국지원 강력 비판! 중단 촉구하다   **154**

(3) 저자, 유엔(UN)에서 일본 군국주의 부활 강력 응징!   **156**

(4) 저자, 도쿄(Tokyo)에서 일본 반역사성을 응징!

     일본의 양심을 묻다   **159**

(5) 저자, 프랑스 파리(Paris)와 OECD에서 일본 핵무장 응징,

     '플루토늄' 수출 거래 중단 촉구함   **163**

(6) 저자, 중국 베이징(Beijing)과 진강시(Zhenjiang)에서

     후쿠시마 핵 오염수 투기 반대, 일본 핵 오염 강력 응징!   **169**

(7) 저자, 독일 본(Bonn)에서 전쟁 범죄 은폐,

     유네스코 등재 일본 응징   **173**

(8) 저자, 네덜란드 헤이그(The Hague) 국제형사재판소에서

     일본 핵무장 응징!   **180**

V. 시지프스 형벌, 일본 군국주의 본진 핵심을 응징, 타격!

(1) 고 '아베 신조' 군국 핵심 세력과의 혈투와
　　응징은 끝나지 않은 현재 진행형　　　　　　　　184
(2) '아베'의 오른팔 고마쓰 외교관의 간계를 초반에 강력 응징!　194
(3) 미치가미 외교관, 비판이 두려우면 솔직하라　　　　206
(4) 일본 최고재판소, 이성과 양심에 눈떠라　　　　　212
(5) 부트로스 갈리 유엔 사무총장에게 저자의 항의 서한 발송　215

VI. 사악한 일본, 평화의 가면무도회는 끝났다

(1) 한반도 불법 식민 지배, 국제 사회가 일본 응징해야!　224
(2) "일본 자위대가 한반도 난민 10만 명 사살해야"　　229
(3) 일본, 다시 한반도를 노린다　　　　　　　　　233
(4) '도널드 트럼프' 미 대통령에게 저자가 보내는 특별 공개서한　247

VII. 저자의 일본 응징, 시의성(Timeliness)과 역사성(Historicity)

(1) 일본 후쿠시마 핵 원전 재앙 전 지구적 대응 절실　254
(2) 일본 55개 핵 원전 방사능 사고 위험 심각하다　257
(3) 북한 핵 핑계, 일본 군사력 증강 용납될 수 없다　260
(4) 히로히토 조문 절대로 안 된다　　　　　　　262
(5) 일본 자위대 페르시아만 파병 중단하라　　　266
(6) 북한 핵 민족 자주 입장서 대처를　　　　　269
(7) 일본 핵무기 개발 묵과할 수 없다　　　　　273
(8) 일본, 핵무장과 평화헌법 개정 긴급 대응해야　276
(9) 일본 핵개발, 북핵과 동시 규명 절실　　　279
(10) 일본이 나의 핵 원전 재앙 경고 받아들였다면　281

(11) 일본, 한반도 정보 수집 행위 강력 대응하라   **285**

(12) 한반도 운명 직시, 국익 정치 펼쳐라   **288**

(13) 수요 집회 1000번째, 피눈물의 20년, 세계가 지켜보고 있다   **290**

에필로그   **292**

부록(사진 및 자료)   **303**

I.
루비콘 강 건너는 일본 핵무장
온몸으로 저지하다

"IAEA는 일본 '플루토늄' 과다 비축량에 대해
특별 핵사찰 실시하라!"
- 저자, IAEA '한스 블릭스' 사무총장에게 보낸 긴급서한에서(1994.5.31.)

(1) 저자, CNN, BBC 등 전 세계 언론에 일본 핵무장
폭로 외신 기자회견(미 하와이 펄 하버)
(2) NO, 한반도 공중 폭격, 일본 플루토늄 70kg 은닉, IAEA에 강력 항의
(3) 저자의 긴급 항의서한, IAEA 사무총장에게 발송
(4) IAEA 대변인이 저자에게 긴급 회신 보내옴
(5) 저자, 빌 클린턴 미 대통령에게 긴급서한 발송
(6) 저자, 스타크 미 하원 국제관계소위원장에게 긴급 서한 발송

1991년 12월 5일, 나는 미국 하와이행 비행기에 탑승했다.

12월 7일 미 부시 대통령이 참석하고 미 연방 정부가 주관하는 '진주만 피습 50주년 기념' 행사에 참석키 위해서다.

전 세계의 이목이 집중되는 이 특별한 행사에서 미국이 지원하는 일본의 핵무장과 군국 부활 기도를 폭로하고 전 세계의 응징을 호소한다는 목표였다. 특히 일본에 국한해 미국이 무제한의 플루토늄 반입과 농축우라늄 생산을 허용한 것은 미국의 명백한 국제법 위반임을 세계에 고발한다는 분명한 목표가 있었다.

나와 우리 〈민족 사절단〉 일행은 1945년 12월 6일, 일본군의 기습적이고 무차별 공격으로 수천 명의 젊은 미군 병사들이 비명도 지르지 못하고 현장에서 전사한 아리조나 함정 방문자센터 앞에 태스크포스를 설치했다.

특히 우리의 뜻과 의지를 전 세계에 호소하고 전달해 줄 각국 언론 취재진과 외신 기자 등록자 수가 1,000여 명에 육박할 것이라는 희소식에 우리 일행은 무척 고무되어 있었다.

1991년 12월 7일, 오전 10시 하와이 진주만은 맑고 쾌청했다. 에메랄드빛과도 같은 푸른 바다 물결이 출렁이는 태평양 진주만은 아름답고 평화로웠다.

50년 전, 일본군의 기습에 전사한 미군들을 추념하는 미 해군 의장대의 진혼곡이 구슬프게 진주만에 울려 퍼졌다.

부시 미 대통령의 마린 원(Marine one) 헬기가 도착하고 행사장은 인파로 가득했고 추모 열기가 고조되었다.

"우리는 50년 전 이곳 진주만에서 일본군의 기습 공격으로 미국을 지키다가 명예롭게 전사한 영웅들의 고귀한 희생을 잊을 수 없습니다…"

부시 미 대통령의 애도사가 끝나면서 행사 폐회를 알리는 군악대의 연주가 울렸고 참석했던 인파가 서서히 퇴장을 시작했다. 우리가 위치한 방문자센터 앞에는 우리가 미리 준비한 '일본 핵무장 반대!', '미국의 일본 재무장 지원 중단 반대!' 현수막과 피켓 등이 약 1,000여 명 가까운 전 세계 언론사 눈에 잘 띄게 설치되었다.

취재진의 취재 경쟁이 시작되었다. 많은 취재진들이 우리가 설치한 방문자센터 앞을 지날 때쯤 우리 일행의 힘찬 구호가 울려 퍼졌다.

"유엔 적국 일본 핵무장 반대한다!"

"일본 핵은 국제 질서 파괴행위!"

"미국은 일본 핵무장 지원 중단하라!"

(1)
저자, CNN, BBC 등 전 세계 언론에
일본 핵무장 폭로 외신 기자회견(미 하와이 펄 하버)

나와 우리 사절단 7~8명의 동양인들이 벌인 기습적 구호와 시위에 많은 외신 취재진들이 관심을 보이며 몰려왔다. 눈으로 봐도 익숙한 국제적인 유명 방송사 카메라들이 우리 일행에게 마이크를 설치했다.

CNN, NBC, PBS 등 미 방송사들과 영국 BBC와 일본 NHK, 《뉴욕타임즈》,《호놀룰루타임즈》 등 많은 취재진 중에는 한국의 MBC 정동영, 당시 LA 특파원도 눈에 띄었다.

질문이 쏟아졌다.

"한국인들이 진주만 행사장에 일본 핵무장 반대를 주장하는 이유는?"

"미국이 치욕의 역사를 쉽게 망각한다는 생각이 안 드나? 충격과 경악인 것은 미국이 일본 핵무장을 지원하다니…. 유엔 적국 일본 지원하는 미국의 행위는 국제 질서 파괴 행위다!"

나는 미국의 일본 지원을 비판했다. 또한 즉각적 중단을 요구했다. CNN 방송기자가 나에게 도발적 질문을 던졌다.

"지금 현재 일본 핵의 위협보다는 북한 핵이 문제 아닌가? 한반도 영변의 핵재처리 시설 가동의 위협이 직접적이지 않나?"

나는 CNN 방송기자를 향해 단호하게 답했다.

"북한 핵과 일본 핵은 모두 위험하다. 그러나 일본 핵은 비교가 안 될 만큼 더 위협적이다. 그 이유는 간단하다. 북 핵은 미국 정부가 충분히 제어할 수 있는 정확한 정보를 갖고 있다. 그러나 일본 핵은 조만간 미국도 통제키 어려운 재앙의 전주곡이 될 것이다. 미국 정부는 핵기술을 지원하고 프랑스와 영국은 상업용 플루토늄 100톤 이상을 일본에 판매하는 추악한 거래를 중단하라! 미국, 일본 자위대의 PKO 파병을 중단시키라. 미국은 역사의 심판이 두렵지 않은가."

미국에 일본 핵무장 지원 중지 요구! 워싱턴포스트 등 외신 기자회견

진주만 USS 애리조나 방문자센터와 메모리얼센터 미 태평양 사령부 경계 담장까지 꽤 긴 거리에 걸쳐 나아 우리 일행을 대상으로

한 전 세계 외신 취재진들의 치열한 취재 경쟁의 퍼레이드가 펼쳐졌다.

이미 기념행사는 끝났지만 약 2시간에 걸친 하와이 진주만에서의 외신 취재단과의 회견과 대화 등 빅 이벤트는 대성공이었다. 일본의 핵무장 음모와 미국과의 밀약을 세계 앞에 폭로했다.

미국의 연방 정부와 의회의 북한 영변 핵재처리 시설 브리핑에 익숙한 미 언론과 세계 주요 언론은 일본 핵무장 뉴스는 관심 밖의 문제였고 거론조차 되지 않았던 상황이었다.

그러던 일본 핵무장 실체가 전 세계 앞에 생생히 드러나는 역사적 순간이었다.

저자, 일본 핵무장 실태 최초로 전 세계 언론 통해 폭로

북한 핵이라는 세계적 이슈의 커튼 뒤에 감춰져 있었던 충격적인 일본 핵무장 실체를 폭로하고 미국의 일본 핵 지원 중단을 세계 여론 앞에 강력히 요구했던 우리의 전략은 맞아 떨어졌다. 핵무장 저지라는 '일본 응징'의 커다란 역사적 성과를 이뤄 냈다고 생각한다. 나는 개인적으로 솔직히 말해서 일본 응징 30여 년 풍찬노숙 길에서 가장 자랑스럽고 뿌듯한 심경이었다.

12월 7일 우리의 일본 핵개발 폭로와 중단 요구 시위와 호소는 전 세계로 타전되었다. CNN 등 방송사뿐 아니라《르 몽드》,《워싱턴포스트》,《더 타임스》등 세계 주요 언론에 2차 대전의 전범 일본이 다시 재무장과 핵무장을 시도하고 있음을 일제히 보도했다. 1993년과 1994년은 한반도 전체에 전운이 팽배한 위기의 시기였다.

(2)
NO, 한반도 공중 폭격,
일본 플루토늄 70kg 은닉, IAEA에 강력 항의

미국 클린턴 행정부의 북한 영변 핵시설 공중 폭격 계획이 알려졌다.

미국의 한반도 공중 폭격이라니…. 일순간 얼어붙은 듯 한반도는 깊은 충격에 빠졌다.

인구 밀도가 세계에서 가장 높은 한반도를 공중에서 폭격하겠다는 미국의 발상은 과연 정상적인 판단인가?

오직 당사자인 북한만이 전쟁 불사를 외치며 미국에 격렬하게 반발했다. 남북한의 무력 충돌까지 예상되는 최악의 상황이었다.

나는 순간 미국의 이 가공할 최악의 선택 뒤에는 일본 핵무장과 군국주의 극우 세력들의 검은 그림자를 순간 목격했다. 아마 본능적인 직감이 발동했을지도 모르는 일이었다.

나의 분석이 맞았다. 예상했던 대로 고이즈미 일본 총리와 아베 전 총리 부류의 군국주의 부활 극우 세력들의 미국을 향한 전방위적 로비 정황이 포착된 것이다.

"한반도를 타격하라!"

예나 지금이나 추호도 변함없는 일본 극우 세력의 목표다.

한반도에 분쟁을 조장시켜 미일 동맹이 위협받고 있다, 더 나아가서 동북아 평화가 심각한 상황이라는 위기의식을 조장해 핵무장과 군국주의를 앞당기려는 일본의 조작질과 수법은 이미 모두가 꿰뚫어 보는 고전적이 수법이다.

미일 동맹 뒤에 비수처럼 감춰진 일본 플루토늄 40톤 이상의 보유 분량을 비밀리에 반입해 은폐한 채 미 네오콘 세력과 일본 극우파가 결합해서 '한반도 죽이기'에 본격 돌입한 것이다. 나는 본능적으로 미국 워싱턴을 떠올렸다. 일본 정부가 지난 50여 년간 운영해 온 방대하고 강력한 대미 로비 조직과는 비교조차 되지 않는 경우였다.

저자, 미 의회, 헤리티지재단 등 미 싱크탱크에 한반도 폭격론 부당 긴급서한 발송

미국 행정부와 의회 주변 수천 명의 일본계 로비스트가 활동하는 것은 이미 잘 알려진 사실이다. 그러나 미국의 뉴프런티어 가치와 정신이 남아 있는 외교관이나 공무원도 아직은 살아 있다. 비록 대다수는 아니지만 최소한 이성과 양심을 지닌 공직자들은 미일 동맹 뒤의 일본 핵무장 허용 후 부작용과 국제질서 파괴 행위를 크게 우려하고 있다. 그들은 일본의 감춰진 마수가 결국 제2의 진주만으로 미국을 회생 불가능한 심대한 타격을 줄 것이라고 확신하고 있다.

결국 나는 일본의 고전적인 수법에 맞서서 미국 정부와 의회 등을 향해 본격적인 움직임을 시작했다.

동시에 내가 늘 잊지 않고 집행하는 사안, 즉 한국 정부에 일본의 사술과 간계에 강력히 대응할 것을 촉구하는 엄중한 역사의 메시지를 남기는 중대한 과업을 동시에 수행했다. 내가 평생을 일본과 싸우는 이유, 내가 거의 전 생애를 통해 일본을 응징하는 이유는 한반도 평화를 지키기 위함이다.

결론적으로, 첫째는 임진왜란을 코앞에 두고 조선을 절단 냈던 동인과 서인, 소위 사대부들의 만대에 기록될 수치스러운 갑론을박의 비겁한 치명적 역사적 오류를 되풀이하지 말자는 분명한 의지의 표현이다.

둘째는 앞을 내다보는 통찰과 혜안으로 민족의 미래와 위험에 대비하지 못한 다산 등 실학파들의 일본의 재침을 부정했던 중대한 실수와 판단 착오를 되풀이 않겠다는 각오를 전한 것이다.

저자, 일본의 북 핵 관련 한반도 분열 공작 중단 촉구

1993년 7월 29일 내가 일본의 긴박한 군사적 동향에 대한 비상 대책 수립을 촉구하는 한국 정부와 국회 정치권에 기록으로 남긴 메시지 내용의 일부다.

"일본이 핵무장과 군국화 방향을 긴박하게 움직이고 있습니다. 대한민국 정부와 국회의 결단을 촉구합니다. 최근 동북아시아 주변정세 흐름이 100년 전 구한말 시정과 흡사한 상황임을 많은 분들이 우려하고 있습니다. 일본의 군국 부활 책동에 정부와 국회의 비상한 대응을 역사와 민족의 이름으로 거듭 촉구합니다."

나는 동시에 《한겨레》 신문(1993.3.21)과 《동아일보》, 《한국일보》 등의 특별 기고를 통해서 일본의 한반도 분열 책동과 핵무장 기도 중단을 강력히 경고했다. 또 일본의 상상키 어려운 플루토늄 40톤의 불법 반입 문제는 북한의 일본 핵무장에 대한 강력한 반발을 불러일으키고 있다고 비판했다. 북한 핵개발의 직접적 원인을 일본이 제공하는 상황에서 미국이 2차 대전 전범국 일본에는 무제한 농축우라늄 생산을 허용하는 것은 명백한 국제법 위반이라고 강력히 비난했다.

빌 클린턴 미 대통령에게 한반도 공중 폭격 중단 요구 긴급서한 발송

동시에 빌 클린턴 미국 대통령에게 긴급 공개서한을 발송했다.

나는 서한에서 "미국의 한반도 공중폭격 운운은 미국의 국제 정의를 포기하는 역사적 과오로서 이의 즉각적 취소를 한반도의 7,000만 한민족의 이름으로 요구한다."라고 했다.

또한 나는 클린턴 대통령에게 미국이 허용한 일본의 플루토늄 40톤 반입과 보유에 대한 IAEA 특별사찰을 북한 영변 지역 핵시설과 동시에 진행할 것을 제안했다.

두 번째 긴급서한을 보낸 사람은 미국 연방의회 하원의 국제소위원회 '퍼트닉 스타크' 위원장이다. 스타크 의원은 미 연방의회 내에서 대표적으로 일본 정부의 핵개발을 가장 강력히 반대하는 전형적인 미 의회 내 반핵 외교의 가장 권위 있는 미 하원의 중진 의원이다.

"존경하는 스타크 위원장님, 지금 미국의 일본 핵개발 지원을 중단시키지 못할 경우 일본은 지난 15년간 반입, 은닉해 온 플루토늄 40톤으로 즉각 핵무장에 착수할 것입니다. 클린턴 대통령의 일본 핵개발 지원 중단을 통해서 일본 핵무장 초기에 원천 봉쇄해 동북아 안전과 세계 평화를 기대할 수 있다."라고 호소했다.

저자, IAEA(국제원자력기구) 방문
일본 플루토늄 핵무장 재앙 경고

또 한 가지의 기적은 내가 IAEA 한스 블릭스 사무총장에게 보낸 한 통의 서한에서 비롯되었다.

내가 활동했던 결과를 기적이라고 자화자찬하는 것이 매우 면구스럽지만 "역사는 있는 그대로 보는 것."이라고 말하는 나의 친구인 세계적 역사학자 알렉시스 더든 교수의 역사관에 용기를 내서 당시 사실을 사초를 쓰는 마음으로 밝힌다.

1991년부터 북한은 영변 지역 핵 재처리 시설을 국제원자력기구(IAEA)로부터 집중적 사찰을 약 3년간 성실히 받았고 문제점 개선사항도 착실히 이행했던 바는 이미 잘 알려진 사실이다. 그러나 IAEA 방식의 사찰은 매우 거칠기로 악명이 높다. 특히 IAEA의 미국과의 관계는 바늘과 실이고 동전의 양면 같은 존재다. 미국은 세계 핵보유강국 프랑스, 영국과 함께 세계 핵 시장과 핵 원전 시장을 쥐락펴락한다.

북한이나 이란같이 미국에 적성국가 낙인이 찍히면 그들은 단 1kg의 플루토늄이나 소량의 농축우라늄이라도 IAEA를 통해 철저히 감시당하고 의심스러우면 강도 높은 핵사찰을 피할 수 없다. 그나저나 IAEA는 전 세계에 유일무이 단 한 곳밖에 없는 유엔 산하의 국제원자력기구로서 전문성을 떠나 그들의 파워는 한 국가의 운명을 좌우할 만큼 막강하다.

1991년부터 3년간을 IAEA에 온갖 세밀한 부분까지 핵사찰을 성실히 받던 북한이 무슨 이유에선지 1993년 3월 핵확산금지조약(NPT) 탈퇴를 선언하고 IAEA와 커다란 충돌을 빚게 된다.

1994년 미국이 북한의 영변 핵시설을 공중 폭격하겠다는 전격적 선언 또한 따지고 보면 북한과 IAEA의 핵사찰 문제로 빚어진 마찰과 파열음으로 협상이 결렬되었기 때문이다. 미국 정부는 이에 따라 1) IAEA의 핵사찰을 거부하고, 2) NPT를 탈퇴해 국제법을 어긴 북한 영변의 핵재처리 시설을 일벌백계 본보기로 공중 폭격을 가함으로써 이란 같은 핵개발 중인 적성 국가들에게 강력한 경고를 던진 것으로 풀이된다. 미국과 IAEA, 영국, 프랑스 핵강대국들만의 이익을 극대화하겠다는 전략이었다.

여기서 일본을 말해야 하는 시점인 것 같다. 미국은, 북한과는 정반대로 전 세계에서 가장 유일하게 일본에 무제한의 플루토늄 반입을 허용하고 (현재 약 70여 톤 보유 추정) 농축우라늄 역시 제한 없이 추출을 묵인하는 행위는 핵 확산 금지라는 인류의 보편적 가치를 부정하는 국제 질서 파괴 행위가 아닐 수 없다. 이렇듯 불평등의 극치를 이루는 미국과 IAEA의 일본 정부에 대한 이해 불가의 특별한 대우는 매우 민감한 이슈로 발전할 가능성이 큰 국제적 사건이다. 이러한 보이지 않는 갈등이 내연하고 있는 때에 결정적으로 한반도 역사의 신이 보내는 희망의 신호를 나는 포착했다.

일본이 1994년 5월에 도카이무라 핵연료 공장에서 IAEA에 미신고된 플루토늄 70kg이 비밀리에 빼돌려졌다는 외신의 속보는 문자 그대로 경악과 충격의 도가니 속이었다.

나는 이 사건의 발단과 배경을 매우 심각한 상황으로 받아들였다. IAEA가 일본과 내통하고 있다는 합리적인 의심을 하지 않을 수 없는 정황 아닌가? 나의 경험칙상 일본이 의도적으로 IAEA나 미국의 묵인과 방조 속에 다량의 플루토늄을 빼돌려 비밀리에 축적했음을 직감했다. 왜냐하면 핵무기 7개를 생산할 수 있는 70kg의 막대한 양을 빼돌렸다는 자체도 불가능한 사실이라면 IAEA의 공정성과 권위뿐 아니라 동시에 미국의 영변 핵시설 공격 계획에 결정적 타격을 받을 수 있기 때문이다.

따라서 IAEA가 일본의 플루토늄 빼돌리기를 눈감아 주었거나 지극히 형식적으로 사찰 흉내만 냈다는 사실로 요약될 수밖에 없지 않겠는가? 특별히 주목해서 파헤쳐야 할 핵심은 당시 대한민국 국민뿐 아니라 전 세계 어느 나라를 막론하고 지구촌 시민 누구도 일본이 왜 그렇게 많은 핵무기 제조용 플루토늄과 농축우라늄을 제조, 반입, 수입, 비축하고 있다는 사실조차도 모르고 있다는 것이다. 무지와 망각, 야만의 시대인 1980~90년대였기 때문이다.

나는 일본 핵무장을 저지하고 응징하는 필생의 목표를 갖고 싸우는 독립군의 정당한 입장과 국제정의와 인류 공영의 차원을 실천하는 차원에서 미국과 IAEA 그리고 일본 정부에 정면 대응키로 결심했다.

나는 우선 오스트리아 빈에 있는 국제원자력기구(IAEA)의 데이비드 키드(Mr. David Kyd) 대변인과 서둘러 전화로 접촉했다.

"키드 대변인, 일본 도카이무라 핵 원전의 플루토늄 70kg이 귀 IAEA에 미신고된 사항을 확인했습니까?"

데이비드 키드 대변인은 적지 않게 당황한 듯 확실한 언급이 없었다.

"IAEA가 진상을 조사 중에 있고 일본 현지 확인이 불가피하기 때문에 IAEA의 입장을 곧 밝히겠습니다."

(3)
저자의 긴급 항의서한,
IAEA 사무총장에게 발송

일본 도카이무라 핵 원전 70kg 플루토늄 은닉 사실이 전 세계에 알려진 사실은 매우 세기적 대사건이었다. IAEA 본부뿐 아니라 미국과 상업용 플루토늄을 일본에 판매한 프랑스와 영국 정부도 직접 관련이 된 국제적 커넥션이었기 때문이다. 특히 한반도 핵시설 공중 폭격을 주도한 클린턴 미 행정부는 일본 핵무장 지원인 플루토늄 반입으로 국제법을 위반한 사실로 국제적인 질타를 받아야 하는 부담에 직면했다.

나는 1991년 12월 미 하와이 진주만의 일본 핵무장 폭로 외신 기자회견의 채널을 가동해 일본 플루토늄 빼돌리기를 묵인한 IAEA(국제원자력기구)의 불법적 국제 질서 파괴 행위를 비판하는 특별 성명을 발표했다.

동시에 '한스 블릭스(Dr. Hans Blix)' IAEA 사무총장에게 긴급 항의서한을 발송했다.

"IAEA 사무총장 한스 블릭스 박사님, 지금 전 세계의 이목
은 한반도에 집중되고 있다. 미국 클린턴 대통령의 한반도
상공에서 북한 영변 지역을 공중 폭격하겠다는 발표 때문이
다. 한반도 좁은 땅에 7,000만 명의 인구가 밀집해 사는 지
역에 공중 폭격이라니 과연, 지금 미국 정부가 귀 IAEA는
지금 정상적 사고와 판단을 하고 있는 것 맞는가?

IAEA, 일본과 내통하는가?

"북한 핵재처리 시설의 예상되는 플루토늄 추출 수십 kg을
일본이 빼돌리는데 왜 이를 적발치 않고 묵인했는지 답변을
해 주기 바란다. 특히 일본 정부가 미국의 지원으로 그간 축
적한 플루토늄이 무려 50여 톤이 넘는데 일본의 플루토늄의
불법적 반입, 수입, 보관, 은닉, 사실 등을 정밀 사찰한 적이
있는가?

국제 사회는 2014년 5월의 IAEA의 일본 플루토늄 불법 은
닉 사건 묵인 행위 처리를 엄중하게 지켜보고 있다. IAEA가
북한의 영변 핵 정밀사찰과 특별사찰, 유엔안보리 회부를 통
해 핵확산 방지에 심혈을 기울여 노력한 것처럼 일본의 플루
토늄 70kg 불법 은닉행위에 대해 귀 국제원자력기구(IAEA)

가 일본을 유엔안보리에 직접 회부해 줄 것을 강력 요구한다. 특히 IAEA는 지구촌의 커다란 재앙으로 우려되는 일본 후쿠이현 고속증식로 '몬주(Monju)'를 폐쇄하고 은닉된 플루토늄 50톤과 농축우라늄을 전량 폐기할 것을 촉구한다."

내가 IAEA에 보낸 항의서한 내용은 직설적이고 강력한 어조로 북한 핵을 앞세워 국제 사회의 관심과 여론을 호도하고 IAEA와 미국의 주도로 일본 핵 원전의 플루토늄의 불법적 반입과 축적을 강력히 비판하고 있다.

나는 국제 질서를 파괴하는 일본 핵무장 시도 자체가 불법일뿐더러 플루토늄과 우라늄 혼합연료인 MOX 수입 역시 벨기에로부터 일본이 불법적 거래를 통해 반입했음을 밝혀냈다.

또한 프랑스와 영국에서의 일본 플루토늄과 농축우라늄 수입 동선을 파악하는 의미 있는 성과도 얻었다고 본다.

(4)
IAEA 대변인이 저자에게
긴급 회신 보내옴

1994년 6월 16일,

IAEA의 데이비드 키드 대변인과 전화 접촉을 갖고 내가 IAEA 사무총장 한스 블릭스 박사에게 긴급 서한을 보낸 지 불과 2주일 후 이례적으로 키드 대변인의 IAEA 공식 답신이 도착했다. 판단컨대, 북한 영변 폭격설 등 긴박한 핵 관련 사건들이 터지는데 일본의 플루토늄 70kg 은닉 사건은 '북한 핵'과 '일본 핵'이 사상 최초로 수직적으로 정확히 비교되어서 국제 무대에서 냉혹한 심판을 받도록 유도한 현재 진행형의 살아 있는 엄중한 시기였음을 잊어서는 안 된다.

IAEA의 해명은 변명으로 일관한다

다음은 IAEA 데이비드 키드 대변인이 나에게 보내온 답신을 요약한 내용이다.

"대한민국 박경철 의장님께,

우리 IAEA는 각 국의 플루토늄 비축에 대해 정도의 차이는 있지만 매우 심각한 우려를 하고 있다. 이는 일본, 독일, 벨기에, 스위스와 5개의 핵보유국에서 활발히 지적되는 큰 문제다. 우리도 이 다량의 플루토늄 수입에 두려움을 갖고 있다.

(중략)

또 한국의 박경철 의장님께서 지적한 일본 '도카이무라'의 플루토늄 70kg 축적 사건은 IAEA가 몰랐던 것이 아니라 또 미신고된 것도 아니고 폐쇄상자에 넣어서 장치된 것들이다. 현실적 문제는 이 플루토늄의 양을 향후 2년 안에 획기적으로 줄일 계획임을 말씀드리고 싶다. IAEA는 이에 대한 모든 정황을 파악하고 있다. 도카이무라 플루토늄 은닉 사건과 관련해 일본 정부와 긴밀히 협조해 나가겠다.

(중략)

우리 IAEA는 UN 산하의 한 기구로서 특정 국가에 무력을 행사할 어떤 권리나 능력을 가지고 있지 못합니다."

저자, IAEA 응징 NO! 한반도 폭격

IAEA가 보내온 답신은 이미 예상했지만 변명으로 일관된 '해명서'와도 같은 내용들이다. 결국 IAEA의 이례적으로 신속한 회신은

IAEA가 미국 클린턴 행정부의 '북한 영변 핵 시설 폭격'에 깊숙이 관여하고 있다는 정황에 근거한다.

IAEA(국제원자력기구)는 자신들이 북한 영변 핵 시설 중 미신고 구역을 지정하고 특별 핵사찰을 강력히 요구해 미국 행정부의 '한반도 공중 폭격' 계획을 이끌어 낸 당사자다.

IAEA의 부담이 점점 커지는 상황에서 1994년 6월 15일자 《워싱턴포스트》지의 '스코크로프트' 전 백악관 국가안보보좌관의 칼럼은 결정적으로 미국을 강경으로 돌아서게 했다. "북한이 IAEA의 전면적인 사찰을 허용치 않을 경우 미국은 북한 영변 핵시설 공격을 개시해야 한다."고 한 그의 칼럼 내용이 결정적이었다.

그러나 전혀 상상조차 하지 않았던 대한민국의 저자가 일본 '도카이무라' 핵 원전에서 플루토늄 70kg이라는 엄청난 양을 일본이 빼돌린 것을 IAEA가 묵인했는가 여부를 묻는 직설적 질문에 IAEA는 크게 당황했을 것이다. 결국 시작과 끝이 IAEA의 핵사찰에 따라 한반도 폭격 여부가 결정되는 긴박한 상황에서 IAEA는 일본 은닉 70kg 플루토늄에 대해 '고해성사'를 할 수 밖에 없었을 것이다.

특히 IAEA '데이비드 키드' 대변인은 저자에게 보낸 회신에서 IAEA의 북한 '영변 핵 시설 사찰 요구' 거부로 인해 미국의 '한반도 공중 폭격'으로 연결되는 것을 경계하는 듯이 "IAEA는 어떠한 무력을 행사할 권리나 능력도 가지고 있지 않다."라고 바짝 엎드려 IAEA와 '한반도 영변 공중 폭격'과 무관하다는 것을 강조했다.

IAEA '데이비드 키드' 대변인이 저자에게 보낸 공식 회신은 공교롭게도 '1994년 6월 16일자'였다. 이날은 미 대통령 집무실인 '백악관'에서 '한반도 핵 시설 파괴 공중 폭격'을 논의키 위한 긴급회의가 열린 날이다. 그 자리에서 '페리' 미 국방장관과 '셀리카 쉬밀리' 합참의장이 참석해 클린턴 미 대통령에게 '한반도 공중 폭격' 계획 실시를 위해서 40만 명의 미국 지상군 중 23,000명 선발대와 40대의 전투기, 항공모함전단 등을 한반도에 급파한다는 긴박하고 중대한 회의였다.

그런데 갑자기 미 뉴스 채널인 CNN이 북한과 핵 협상을 위해 북한을 다녀온 카터 전 미 대통령의 북·미 핵사찰 재개 합의문이 발표되었다.

합의문은 오직 한 건이다. 역시 IAEA였다. IAEA 사찰만이 해결의 실마리였다. IAEA 핵사찰관 2명의 북한 영변 핵시설 사찰 활동의 재개였다. 또한 이 합의를 '클린턴' 미 대통령이 공식 승인한 역사적인 날이었다. 사실상 미국 정부의 '한반도 공중 폭격론'은 사실상 이날 중단되었다.

주목되는 점 한 가지는 IAEA가 저자에게 서한을 보낸 날짜인

1994년 6월 16일과 북·미 핵사찰 회담 재개협상을 미국 대통령이 승인한 6월 16일과 일치한 점이다. 물론 우연일 수 있겠으나 1994년 미국의 '한반도 영변 핵시설 공중 폭격' 중단과 동시에 북한과 공식 합의로 'IAEA 핵사찰' 재개라는 점이다. 결국 일본 도카이무라 '플루토늄' 70kg 빼돌리기는 눈감아 주고 북한 영변 핵시설은 공중 폭격한다는 IAEA와 미국의 위선적 불공정 행위가 드러날 경우 국제 사회에서 IAEA와 미국의 공정성과 신뢰는 순식간에 붕괴될 것을 가장 두려워했을 것이다.

INTERNATIONAL ATOMIC ENERGY AGENCY
AGENCE INTERNATIONALE DE L'ENERGIE ATOMIQUE
МЕЖДУНАРОДНОЕ АГЕНТСТВО ПО АТОМНОЙ ЭНЕРГИИ
ORGANISMO INTERNACIONAL DE ENERGIA ATOMICA

WAGRAMERSTRASSE 5, P.O. BOX 100, A-1400 VIENNA, AUSTRIA
TELEX: 1-12645, CABLE: INATOM VIENNA, FACSIMILE: 43 1 234564, TELEPHONE: 43 1 2360

IN REPLY PLEASE REFER TO:
PRIERE DE RAPPELER LA REFERENCE:

DIAL DIRECTLY TO EXTENSION:
COMPOSER DIRECTEMENT LE NUMÉRO DE POSTE:

270-N7.41

16 June 1994

Dear Mr. Kyung Chul, Park

This is in reply to your letter of 30 May to our Director General, Dr. Hans Blix.

The Director General appreciates your interest in and support for nuclear non-proliferation, in the verification of which our Agency, the IAEA, indeed plays a central role.

We are well aware of fears - some rational, some less so - surrounding plutonium stockpiles in various countries. This is a problem being actively addressed in a group comprising the five declared nuclear weapon states plus Germany, Japan, Belgium and Switzerland. They hope to define a number of so-called "confidence building measures", perhaps by next year.

The fact is that civil plutonium does exist in substantial amounts, either in spent nuclear fuel or reprocessed, and solutions have to be found, as well as to the stocks that will arise from the military side as U.S. and Russian weapons are dismantled in coming years. It is for member governments to decide what role - if any - the IAEA as a body in the United Nations family should play in this regard. After all, they would have to underwrite the financial and manpower resources entailed.

2/...

Mr. Kyung Chul. Park
Korean Committee for Correction of Wrong
Japanese History Against the Past (KCCJH)
Nanjung Dong 2 GA 480-3
Irisy. Jeon Ra Book Do
Republic of Korea

The 70 kilograms of plutonium you mentioned at Tokaimura are not lost or unaccounted for, they are "held up" within the plant, notably in glove boxes. Work is in hand to reduce this substantially in the next two years and even more so in the future, please rest assured. We know all about this and are following this closely in co-operation with the relevant Japanese authorities.

The electricity generating policy of the Japanese Government is a matter for its own decision. It would be no more proper for us to comment on it than on, say, the policies of France or the Russian Federation or any other Member State.

Please also understand that Japan is under a formal obligation to take back plutonium separated for it under contract by countries such as France and the United Kingdom. This applies also to related waste. The Japanese have no choice in this regard, but are developing their own domestic capability for the future while indicating there may be a certain slowing down of the process in the years ahead.

Finally, I would stress that our organization in the United Nations family is at the service of its 121 sovereign Member States and its governing bodies: it does not have an autonomous right or ability to "force" any of them to do anything - as we have been witnessing clearly of late in the DPRK.

Thank you again for kind words and for having written to us.

Yours sincerely,

David R. Kyd
Director
Division of Public Information

2004년 출간된 '빌 클린턴' 전 미 대통령의 회고록 『마이 라이프 (My Life)』에서 자신이 재임 중 계획했던 '한반도 영변 핵시설 공중 폭격'을 실시했을 경우 재앙에 가까운 큰 전쟁이었을 거라고 회고했다. 그의 회고록에는 '한반도 공중 폭격'으로 한국군 45만 명, 미군 3만 명이 전사하거나 부상당할 가능성과 민간인도 수도권에서 100만 명 이상의 사상자가 발생했을 것이라고 추정했다. 또 전쟁 비용 역시 무려 600억 달러가 예상되고 한국 경제에 미치는 전쟁 피해는 무려 1조 달러 이상이 예측되었다고 '클린턴' 전 대통령은 회고했다.

저자 역시 회상컨대 지난 1993년에서 94년까지 2년간 '한반도 공중 폭격'이라는 파멸적 재앙을 막기 위해 혼신의 노력을 다한 것과 일본을 응징키 위해 30여 년간 싸워 온 시간 중 무엇보다도 뿌듯하고 보람찬 자부심으로 분명히 기억에 남아 있다.

(5)
저자,
빌 클린턴 미 대통령에게 긴급 서한 발송
미국은 일본 핵무기 제조용 플루토늄 해상 수입을 당장 중단시킬 것

존경하는 빌 클린턴 대통령 각하

일본은 영국, 프랑스로부터 핵무기 원료인 플루토늄을 대량
으로 도입하고 일본 군대를 해외에 파병하고 있습니다.

금년 2월 갈리 UN 사무총장은 일본을 방문해 평화헌법을
개정해서라도 일본이 세계 각지에 자위대를 파병해야 한다
고 주장했습니다. 많은 한국인들과 아시아인들은 이러한
UN 사무총장의 경솔한 발언에 놀라워하고 있습니다.

UN이 공정치 못함을 느끼는 또 하나의 사건은 일본의 공
공연한 핵무기 제조용 플루토늄 해상 수송을 UN이 방관하
고 있다는 것입니다. 또한 일본은 금년 10월 중 캐나다로부
터 수소폭탄의 원료인 트리튬(tritium) 10g까지 도입할 예정
으로 있습니다. 이 같은 일본의 강한 핵무기 제조 의혹은 일

본에 침략을 당했던 한국을 비롯한 많은 아시아 국가들에게 충격을 주고 있습니다.

최근 북한의 NPT 탈퇴는 이러한 일본의 노골적인 핵개발 움직임에 강한 자극을 받은 결과라고 미국과 영국의 많은 핵전문가들은 지적하고 있습니다. 뿐만 아니라 중국은 일본의 핵개발에 자극받아 군비 증강을 강화하고 있습니다. 다시 말해 동북아시아는 냉전이 끝난 것이 아니고 냉전체제 당시보다 더욱 심각한 군비 경쟁에 돌입한 것입니다.

본인은 이러한 사태에 대해 미국의 책임 또한 크다고 봅니다. 미국이 미국 대신 아시아에서 일본에게 그 역할을 넘겨주려는 것은 온당치 못한 정책으로서 그 부작용이 나타나고 있습니다. 이러한 정책은 비유컨대 고양이에게 생선을 지키라 하는 것입니다.

레이건과 부시 행정부는 일본의 자위대 파병과 군비 증강을 묵인했으며 대량의 플루토늄 도입을 승인했습니다. 미국은 지금 너무 심각한 모험을 하고 있으며 머지않아 일본이 핵폭탄을 보유하고 완전한 재무장을 갖춘다면 미국은 때늦은 통한의 후회를 할 것입니다. 역사적으로 일본은 주기적으로 대륙을 향한 침략의 행위를 되풀이해 왔습니다.

존경하는 빌 클린턴 대통령 각하

냉전체제가 끝난 후 미국은 일본을 정치, 군사적 파트너로 1명의 친구를 얻었는지 몰라도 많은 아시아 국가들은 일본의 군국화를 묵인하는 미국을 원망하고 있습니다. 다가올 21세기에 위대한 세계 평화와 공존의 시대를 주도하실 각하께서 참된 인류의 정의와 평등에 대한 가치 창조를 위해서라도 일본의 심각한 핵개발과 군사 재무장에 제동을 걸어야 할 때라고 강력히 주장합니다.

또 한 가지 말씀드릴 중요한 문제는 북한의 핵 문제입니다. 이미 UN 안보리로 회부된 북한의 핵 문제는 국제적 초미의 관심사로 부각되었습니다. 그간의 언론 보도와 IAEA의 사찰 결과를 미루어볼 때 북한 영변의 핵시설은 매우 원시적인 상태로써 큰 문제가 없음이 밝혀졌고 미국도 상당 부분 의혹이 해소되었다고 알고 있습니다.

또한 일본의 핵재처리장 시설과 비교할 경우 북한은 아주 미미하기 짝이 없는 상태인 것입니다. 그럼에도 일본의 핵 개발 움직임은 묵인과 방관한 채 북한을 제2의 이라크처럼 부각시키는 것은 잘못이라고 생각합니다.

특히, 우리 한국 국민을 절망과 슬픔으로 몰아넣는 중대한 문제는 워싱턴의 의회 상·하원 청문회에서 늘 거론되는 북한 핵시설 공중 폭격 문제입니다. 북한 역시 한국과 마찬가지로 한반도 우리 땅입니다. 북한을 폭격한다는 것은 우리 한국을 폭격한다는 것과 같은 의미일 수밖에 없습니다. 한반도는 좁은 국토에 7,000만 명의 엄청난 인구가 밀집되어 사는 나라입니다. 이곳에서 또 다시 남북 간에 전쟁이 일어난다면 이곳은 세계 역사상 유래가 없는 참혹한 결과가 발생될 것입니다.

각하께서도 아시겠지만 지난 3월 각하를 보좌하고 있는 '윌리엄 크론' 백악관 해외정보 자문회의 의장은 북한에 대해 군사 조치를 한다면 제2의 한국전쟁을 유발하기 때문에 이를 반대한다는 의사를 나타냈고 지난해 북한을 방문한 카네기재단의 '레너드 스펙터' 선임연구원도 3.21일자 《워싱턴 포스트》 신문에 같은 의견을 밝힌 바 있습니다.

존경하는 빌 클린턴 대통령 각하!
우리는 평화를 원합니다. 우리 한국 민족은 이웃 일본에게 문화를 전수해 준 전통 문화를 가진 5000년이라는 장구한 역사를 지닌 민족입니다. 본인의 이러한 의견들이 한국을 깊이 이해하시는 데 도움이 되길 진심으로 바랍니다. 또한 이러한 모든 문제에 각하께서 더욱 광범위한 정보와 현명한 판단을 하고 계시리라 확신합니다.

각하께서 금년 중에 우리나라를 방문하실 계획을 갖고 있다고 알고 있습니다. 각하께서 방문하실 때 꼭 뵙게 되기를 희망하오며 각하와 미국의 앞날에 신의 축복을 기원드립니다.

대한민국 박경철 올림

1993년 4월 12일

Apr. 12, 1993

Dear Mr. Bill Clinton, President of the U.S.

It is my big pleasure to introduce myself to you. I am a member of the central committee of the Democratic Party of Korea. As a politician over ten years I have campaigned against Japan's development of nuclear bomb, the dispatch of the self-defense troops, and the increase of the defense budget.

As you now, the peace constitution of Japan was enacted by general McArthur not to invade more after the end of the second World War. However, when Mr. Gally of the

UN argued in his trip to Japan that Japan has to dispatch its troops in any way even to revise the constitution. Asians including Korean was very surprised and upset with what he said.

I believe the UN's policy was not fair because the UN gave a tacit consent with the open-delivery of the Plutonium that may be used to make te nuclear bomb. Also Japan is about to import 10g of Tritum which may be used to make the hydrogen bomb. We and other Asians are afraid of this Japan's recent movement as the nation which was colonized by Japan about a century ago.

Some analysts say that the North Korea's secession of the NPT could be a respond of such movements. China reinforces the increase of troops and budget for this. In other words, cold war in Asia did not end but it is getting more serious.

I believe the U.S. is in charge of this. The Reagan and the Bush administration adimitted such Japan's movement.

Reasons may be many. However, under any reason, the U.S. must not give her role in Asia to Japan. Historically Japan invaded the Asian continental periodically. If Japan has the nuclear power and is rearmed. I think, that can bring another world war.

You may think that you have Japan as a good friend after the end of the cold war. But, Asians resent of you because you increased her role other than economic role. I declare you to stop admitting her movement.

Mr. President!
I heard the news that the Capital Hill is discussing destroying nuclear facilities of the North Korea located at "Young–Byun". You must not do this. Korea including North and South is very small country with about 70 million population. A war between North and South Korea will bring a massive sacrifice of innocents. I agree with Mr. William Craw and Mr. Renerd Specter that destroying will bring a war. We want peace. We do not want to destroy our 5000 year old civilization.

I heard you may visit Korea this year. I believe I can see you then. If you have any questions, that is very welcomed. God bless you.

Yours Respectfully,

Kyung-Chul Park

Republic of Korea

(6)
저자,
스타크 미 하원 국제관계소위원장에게 긴급 서한 발송

미 행정부의 일본 플루토늄 수입 중단 조치를 강력히 요구합니다

존경하는 미국 연방하원 국제위원회
퍼트닉 스타크 위원장께

존경하는 스타크 위원장께서는 1993년 2월 4일 일본에게
'플루토늄' 사용을 통한 핵개발 중지를 강력히 요구하는 성
명을 발표했습니다.

일본 핵과 북한 핵 문제는 동전의 양면과도 같이 동시에 해
결해야 하는 절대적 과제입니다. 그럼에도 불구하고 미국의
일방적 일본 핵무장 지원은 정당화되었고 반면에 북한 핵 문
제는 정반대의 입장에서 전 세계적 비판을 받고 있습니다.
또한 스타크 위원장께서는 일본에 대해 핵 위험을 가장 잘

아는 핵피폭국으로서 미국과 함께 핵확산방지운동에 적극 동참할 것을 촉구하신 점을 저희는 높이 평가하고 정중히 감사의 말씀 올립니다.

존경하는 스타크 위원장님
본인과 많은 한국인들은 위원장님의 이러한 평화를 희구하는 고귀한 정신과 핵확산방지운동을 적극 지지하고 찬성합니다. 저와 저희 시민단체는 미 연방의회 상하원을 통틀어 일본의 핵개발과 플루토늄 사용에 대해 강력한 제동을 가할 수 있는 스타크 위원장께 거듭 존경과 감사의 인사를 드립니다.

부디 일본 핵의 필수적 원료인 '플루토늄' 수입 중단 조치를 거듭 요청드리는 바입니다.

대한민국, 익산
박경철 배상
1993년 4월 12일

Apr. 12, 1993

Dear Mr. Stark, House Representative of the U.S.

I read the news dated on Feb. 4, 93 that you declared Japan to stop developing of the nuclear bomb using Plutonium. You wrote that because Japan was the very one who knows the power of the nuclear bomb, they have to actively join the nuclear protection movement with the U.S. I agree with your opinion and promise I will do my best on what I have worked.

I am a member of the central committee of the Democratic Party of Korea. As a politician over ten years I have campaigned against Japan's development of nuclear bomb, the dispatch of the self-defense troops, and the increase of the defense budget.

Today Japan's massive import of Plutonium brought the suspicion that Japan might have another goal than using Plutonium for the energy substitution. Especially, the import of 10g Tritum coming October is outcomed to be used to make the hydrogen bomb.

As you know, North Korea's secession of the NPT became a hot issue internationally. Their internal problem may be the one reason, however, environments that Japan's development is overlooked and nations such as the U.S., France, and England deals unfair must be the bigger reason. Consequently we can know by the inspection of the IAEA that Japan's development of the nuclear bomb is more serious than the North Korea's secession of the NPT.

Korea and other nations in Asia who was once invaded by Japan resent the U.S. policies because the U.S. gave a tacit consent for the Japan's import of Plutonium and her increase of defense budget.

I believe I can discuss more deeply about this with you and am looking forward to meeting with you sooner or later. I am apologizing my broken English. If you have any questions, that will be very welcomed.

Yours Respectfully
Kyung-Chul Park
Iksan, Republic of Korea

II.
일본 응징은
통찰의 선제적 방어 전략

"우리는 오늘 UN 본부에 일본의 한반도 분단과 불법 침략에 대한 사죄와 배상청원서를 제출했다."

- 저자, 뉴욕(New York), 《한국일보》와 인터뷰에서, 1991.12.13.

(1) 내가 짊어진 십자가, 일본 응징은 한민족 한반도 방어전략

(2) 30대 청년 저자, 일본 공사 반역사성 응징하다

(3) 일본의 반인도적 전쟁 범죄는 공소시효 없다

(4) 온몸으로 강력히 저항한 일본 자위대 해외 파병(PKO)

(5) 저자, 일본 군국주의 부활 반대 내외신 긴급 기자회견

(1)
내가 짊어진 십자가,
일본 응징은 한민족 한반도 방어전략

나는 지난 20세기 말 한 시대를 마감하는 격변기 역사의 현장 한복판에 있었다. 비유컨대, 퍼펙트 스톰 같은 폭풍우 속 칠흑같이 어두운 바다의 작은 돛단배에 나는 온몸을 던졌다. 나침반 하나에 의지한 채 한 치 앞도 보이지 않는 폭풍우 속 바닷길을 뚫고 일본 응징의 대장정에 나선 것이다.

내가 내 자신을 던져서 일본 응징 30여 년 십자가의 길을 자청했던 이유와 목표는 단 한 가지다. 개인과 집단의 이익과 시류를 좇아서 민족과 국가의 미래와 현실을 내팽개친 매국 행위와 사이비 사색당쟁파들의 전횡으로 나라를 강탈당한 민족적 비극을 되풀이하지 않겠다는 각오와 분명한 의지의 표현이다.

기미년 독립군의 손자, 70년 후 병인년 독립군이 되다

거듭 강조컨대 일본에 나라를 유린당한 채 반복되는 집단 학살과 강제 연행, 속박과 죽음의 역사를 근원부터 차단시켜야 한다는 건곤일척 나만의 승부수였다.

"기미년의 독립군 손자가 병인년인 1986년에 독립군이 되고⋯."

2019년 방영된 TV 드라마 〈미스터 선샤인〉의 임진년 의병의 손자가 을미년 의병이 되었다는 가슴 저미는 극 중의 대사를 들으며 기미년의 독립군 할아버지를 따라 이미 30년 전에 병인년 독립군이 되기로 결심했던 아주 오래 전의 기억이 새롭기만 하다.

지난 1980년대에서 90년대, 2000년대까지 30여년 나의 젊은 생애는 20대부터 일본을 응징하고 저지하는 항일 최전선의 고단하고 긴장된 삶이었다.

그러나 일본에 다시는 압제와 예속을 당하며 굴종치 않겠다는 비장한 각오를 가지고 적국 일본을 응징하고 있다는 자부심 또한 특별했던 시기이기도 했다. 미국을 등에 업은 일본은 다시 군국 부활과 핵무장을 완료한 세계 최강 군대 중 하나인 일본 자위대로 재탄생했다. 나는 한반도를 향해 거침없이 돌진해 오는 일본을 강력히 저지하고 온몸으로 제동을 걸었다.

UN적국인 일본은 국제법을 마구 짓밟았고 2차 대전의 전후 질서를 파괴하는 반인류적 행태 역시 서슴지 않고 자행했다. 미·일 동맹이라는 외교적 합법을 겉으로 내세운 위력과 광풍은 대단했다.

힘으로는 산을 뽑을 기세였다.

전 세계에 일본의 국제법 파괴 행위 폭로

그러나 나는 이에 굴복하지 않았다. 오히려 일본의 국제법 파괴 행위를 국제 사회로 이끌어내서 고발하고 세계 여론을 균형된 시각으로 볼 수 있도록 일본의 국제법 위반 사례를 적극 알리는 데 주력했다.

나와 오랜 시간 인연을 맺었거나 함께 호흡했던 각별하고 돈독했던 많은 이웃들은 나에게 이구동성으로 비슷한 질문을 던지곤 했다.

"왜 일본과 그토록 오랜 시간 치열하게 싸우는지?"

나는 이 질문에 대해 적당히 넘어가거나 대답을 회피한 적이 없었다.

"내가 일본과 싸우는 이유는 한민족과 한반도 생존을 지키기 위해서다.

우리 한민족이 다시는 천년 숙적 일본에 당하지 않으려면 필사의 노력과 몸부림과도 같은 처절한 노력이 매우 절실하기 때문이다.

나는 지금 한반도의 위기를 본능적으로 느끼고 있다. 나는 오직 일본이 지난 2000년간 한민족을 멸하고자 한반도를 끊임없이 침탈했던 강팍한, 역사의 깊은 상흔처럼 한민족과 한반도를 멸하거나 타도하려는 행태를 반복하지 말 것을 엄중히 그리고 강력히 경고해 왔다."

나는 왜 평생 일본과 목숨을 걸고 싸우나

내가 지난 30여 년간 십자가를 짊어지고 숙명적으로 일본 응징을 해 온 일들은 끝이 보이지 않는 무한의 목표 추정치다. 특히 일본의 군국 부활과 핵무장을 저지하는 최우선적 당면과제는 지금 당장 인류가 공동으로 대응해야 할 지구촌의 평화와 안정을 위한 현실적 과업임을 잊어선 안 된다.

또 과거사 중 역사 왜곡과 한국인 학살, 강제 연행 등 일본의 2차 대전 중 범죄 행위 진상을 밝히는 것 또한 미룰 수 없는 현안이다.

따라서 이러한 모든 일본의 침략과 전쟁 범죄 사실 은폐 행위를 유엔과 국제 사회에 폭로하고 응징하는 것은 인류의 보편적 가치인 국제정의와 평화 정신을 구현하는 정당한 행동이 아닐 수 없다.

원자탄 두 발을 맞고 가공할 위력에 경악한 일왕 히로히토는

1945년 무조건 항복을 선언했다. 일본의 항복 순간 나카소네는 30대 청년이었고 일본군 중위였다고 한다. 일본의 무조건 항복이 원자탄 때문임을 지켜본 청년 장교 나카소네는 일본이 다시 일어서기 위해 반드시 핵무장을 해야 한다고 각오를 다졌다고 한다.

미·일 핵 밀약은 21C 한반도 재침 신호탄

그 나카소네 야스히로 일본군 중위가 1982년 일본의 총리가 되었고 그는 1988년 미국으로 날아가 레이건 미 대통령과 미·일 원자력 협정을 맺었다. 1969년 사또 일본 전 총리와 리처드 닉슨 전 미 대통령과의 미·일간의 핵 밀약이 있은 지 19년 만의 사실상 일본 핵무장을 승인하는 반역사적 결정이었다.

나카소네 일본군 중위의 꿈을 좇아 미국의 일본 핵개발 지원을 얻어낸 그는 1980년대 '일본 전후 총결산'을 선언했던 말이 그럴듯한 전후 총결산이지 사실상 일본 군사대국화와 핵무장을 선언한 것이다.

일본 총리가 '군국 부활' 깃발을 들고 직접 앞장섰다. 인류 정의에 도전하는 일본의 반역 행위가 시작된 것이다. 나카소네는 총리에 취임하자마자 한반도를 겨냥한 전방위적 총공격을 펼쳤다.

후지오 망언이라는 교과서 역사 왜곡에서부터 일본 방위비 GNP 1% 돌파, 비핵 3원칙 철폐, 다량의 핵원료 플루토늄 일본 수입, 핵 원전 발전소 증설과 헌법 9조 개헌 시도 등 숨 돌릴 틈도 없는 기습적이고 대담한 사실상 제2의 한반도 침략이 시작된 것이다.

일본군 장교 출신 박정희 친일 정권과 그 맥을 이어받은 전두환, 노태우 등 쿠테타 정권 당사자들은 일본 나카소네와 군국주의 핵심, 자민당 정권의 군국주의 부활과 핵무장에 침묵했다. 정도의 차이는 있지만 진보 정권들 역시 미·일 동맹을 앞세운 일본의 핵무장과 군국 부활 일탈 행위에 거의 무대응 수준으로 일관해 온 것 또한 사실이다.

유엔 적국 일본이 자위대법과 PKO 협력법을 기습적으로 개정했다. 일본군이 유사시에 한반도로 침입할 수 있는 국제법의 법률적 제약이 풀렸는데도 군사 정권은 침묵을 계속했다.

일본 핵무장, 군국주의 침묵하는 대한민국

1985년에서 1987년까지 미국의 미·일 동맹 강화라는 명분으로 국제법 파괴 행위와 대한민국 안보에 중대 변수가 코앞에서 발생하는 긴박한 상황이었다.

한일 현대사를 냉철히 다룬 『한일공동정부』라는 책은 근래에 보기 드문 역작이다. 나는 이 책이 히로히토의 2차 대전 중 전범 행위를 규명하고 전 세계에 역사의 경종을 울려서 퓰리쳐상을 수상한 허버트 빅스 교수의 『히로히토 평전』에 버금가는 명저라고 생각한다.

우리 현대사에 있어서 친일 연구의 새로운 지평을 열었던 고 임종국 선생이 1989년 나에게 편지를 보냈다. 이제 막 일본 응징의 대오를 갖춘 일본 역사왜곡시정 운동을 벌이던 30대 초반의 젊은이였던 나는 고 임종국 선생께서 보낸 편지의 말씀 중 행간 하나하나를 꼼꼼히 읽고 또 읽었던 기억이 새롭다. 선생께서는 내게 보낸 서한에서 일본의 군국주의 부활을 통한 한반도 재침략을 예견하고 이에 대한 철저한 대비를 간곡히 당부했다.

고 임종국 선생은 서한에서

"일본과의 외교는 선전포고가 있지. 건의 얘기고 선전포고와 상관없이 총성이 울린 후에는 힘의 논리만이 승패를 결정할 것."이라고 경고했다.

나는 같은 맥락에서 2000년대 들어서 일본의 군국 핵심 세력 중 고이즈미나 아베의 총리 재임 시기 군국주의 부활 기도와 핵무장 동향, 전후 전쟁 범죄 처리, 핵무장 동향을 예의주시하며 면밀히 분석을 해 왔다.

그들은 후쿠시마 핵 원전 재앙 이후에도 고속증식로 몬주(Monju) 내에 쌓인 막대한 플루토늄과 농축우라늄 수십 톤 분량을 포기하지 않고 온몸으로 껴안은 채 버티고 있다. 따라서 일본이 IAEA의 플루토늄 과다 보유 실토와 미국 내의 심각한 우려에도 100톤 이상의 플루토늄과 무제한의 우라늄농축 비축을 확대하는 한 일본의 선택은 핵무장 이외에는 다른 길도 예외도 없다는 것이 정론이다.

미국, 치명적 실수, 일본 집단적 자위권 승인

결국 33년 전 고 임종국 선생께서 1989년 내게 보낸 서한처럼 일본의 재침에 철저히 대비하라는 당부 말씀이 예언처럼 나의 가슴을 울리고 있다.

동시에 역사적으로 일본의 고전적 수법인 기습적 도발을 우려하지 않을 수 없다. 1905년 러·일 전쟁이나 청·일전쟁 그리고 한반도 병탄 때도 선전포고 없이 상대의 후미를 기습 공격하는 일본의 야비한 침공이 임박했음을 절감하는 증거는 수없이 드러나 있다.

나는 결국 일본이 미국의 진주만 기습 공격 때처럼 미·일 안보조약을 일방적으로 파기하고 전격적인 핵무장 선언과 함께 전쟁을 선택할 가능성이 높다고 일관되게 주장해 왔다. 그리고 그 첫 번째 타깃은 대한민국이든 북한이든지 한반도임을 대부분 전문가들이 부정하지 않는다.

일본은 고대부터 근현대에 이르기까지 약 2000년 동안을 한민족과 한반도를 끊임없이 공격했고 집요하게 괴롭혀 왔다. 삼국사기 기록에 의하면 일본 왜구들은 신라가 개국한 초기부터 침공을 시작해 신라에게 상당한 타격을 가했으며 통일 고려시대 역시 왜구들의 기습 공격에 큰 피해를 입었다고 전하다. 일본 연구의 대가 중 한 분인 한양대의 고 김용운 명예교수는 자신의 저서를 통해서 "일본 왜구들은 재난 2000년 역사 중 신라, 고려, 조선시대까지 평균 2년에 한 차례씩 약 900여 차례를 집요하게 침공했다. 또 일본 왜구들의 침략은 한반도 전체의 국가적 운명을 좌우할 만큼 타격이 심각했다."고 밝히고 있다.

한국인 학살 진상 밝혀라

한민족의 일원이라면 누구든 분노에 치를 떨지 않을 수 없는 1592년의 임진왜란 7년 전쟁으로 조선이 입은 치명적 타격을 극복치 못하고 1910년 결국 일본에 국권을 찬탈당하는 참담한 계기가 되었다.

임진왜란 당시 조선 인구 절반 가까운 50%의 민간인이 학살되거나 아예 일본 살인병기들의 도륙의 대상이 되어 힘없는 나라 백성이라는 이유 한 가지로 억울한 죽음을 당했다.

사람 목숨을 파리 목숨 정도로 여기는 학살자 살인마 수괴 도요토미 히데요시는 조선 백성 전부를 죽이라는 특별 명령을 내렸다. 가토를 비롯한 일본군 지휘관들은 피에 굶주린 살인마들로 변해 무차별적으로 조선 백성을 잔인하게 학살했다. 세계 전쟁사에 이렇게 사람을 많이 죽이고 도륙해서 코무덤, 귀무덤이 곳곳에 널려 있는 반인륜적인 추악한 전쟁은 없었다.

일본인들의 전쟁을 빙자하고 가장한 가학 피학적인 살인 행위는 세계 역사상 유래가 없는 정신분열, 병적 광란의 집단 살인 현장이었음을 역사는 생생히 기록하고 있다.

조선 8도 방방곡곡 어느 곳 하나 파괴되지 않은 곳이 없었다. 산산이 찢겨진 조선 땅 산하와 떼죽음을 당한 백성들의 시신은 산더미를 이뤘다.

일제 식민치하 36년은 임진왜란에 비할 수 없을 만큼 그 이상으로 참담하고 혹독한 죽음의 행진이 계속되었다면 올바른 표현일까?

일제 치하 태평양 전쟁의 징병, 징용과 항일독립운동 과정에서 일제에 의해 집단 학살되었거나 강제 연행된 한국인이 무려 1,000만 명을 넘는다.

당시 식민 조선 인구를 2000만 명으로 추정했을 때 임진왜란 당시와 같이 거의 전 인구의 절반이 죽거나 다쳤고 강제 연행 후 돌아오지 않았거나 실종되었다.

모두 사망으로 추정되어 고인이 되었어도 어디에서 어떻게 사망하고 어느 곳에 묻혔으며 기일도 모르고 유골조차 없는 참담한 지경에 후손 입장에서는 우리의 관습상 얼마나 커다란 불효이며 인간으로서 큰 고통인지 헤아릴 수 없다.

일본이라는 한 적국에 의해 빚어진 전쟁으로 인해 300년을 터울로 2차례나 전 국민의 절반의 희생된 처절하고 참담한 한민족의 비극적 사건은 이스라엘 유대 민족의 '디아스포라' 비극 이상의 전무후무한 인류사적 비극이다.

현실적 문제로 말하면 우리 한민족 수백만 명, 수천만 명과 관련된 국제정의 차원에서 시급히 해결해야 될 기본적 인권 문제다.

그럼에도 불구하고 일본은 지금 이 순간까지 자신들이 자행한 한민족에 대한 전쟁 범죄, 과거사 문제 일체를 부인하는 역사 왜곡을 되풀이하고 있다.

이른바 1965년 한일기본협정 이행으로 침략과 식민 지배 전쟁 범죄 문제가 종결되었다는 일본의 주장은 전범 학살자 후예들의 위선과 거짓의 궤변이고 소름끼치는 억지일 뿐이다. 그들은 강제 연행된 한국인 중 10대~20대의 미혼 여성들인 20여만 명의 종군 위안부 존재 자체를 지난 50년간 세계 앞에 전혀 모르는 일이라고 딱 잡아떼고 인류 사회 전체를 기망하고 허위와 거짓의 요설로 자신들의 무관함을 강변했다.

과거사 일체를 부정하는 일본의 국제 질서 파괴 행위는 더 이상 용납되어서도 묵인되어서도 안 된다. 왜냐하면 이외에도 한일 간 반드시 풀어야 할 한반도 분단과 한국전쟁의 일본 책임과 사죄 배상을 반드시 이행되어야 한다. 만일 저들에게 이러한 우리의 일방적으로 당한 역사적 범죄 행위 책임을 묻지 못하거나 요구하지 않는다면 우리는 더 이상 G7 선진국과 GDP 30,000 달러를 운운할 세계 선도 국가 자격이 있는지 우리 스스로에게 물어야 할 것이다.

이 시점에서 따져봐야 할 사항이 있다.

우리는 왜 일본에게 2000년 넘는 장구한 세월 동안 왜 그토록 집요하고 속수무책으로 당해 왔는가?

우리 민족의 수많은 선각자들과 영웅들은 왜 저들 섬나라 왜구들의 침공을 사전에 예견하거나 혹은 그 침략 음모 자체를 원천 차단할 수 없었는지 말이다.

임진왜란 당시의 고답적이고 대표적 당쟁파들의 사례인 서인 황윤길과 동인 김성일의 분노와 치욕 반역의 역사에서부터 국익은 내팽개쳐진 채 바닥에 뒹굴고 성리학에 찌들어 자신들 기득권 지키기에 눈먼 사대부라는 모리배들의 국정농단 결과는 비참했다. 야수와 같은 살인마 일본 왜구들에 의해 조선 백성 인구 절반이 학살당하거나 도륙당했다.

조선 8도 곳곳은 풀 한 포기 성한 곳 없이 철저히 파괴되는 민족적 재앙을 겪었다. 겁쟁이 왕과 모리배 신료들은 망하는 그 순간까지 서로를 모함하고 헐뜯는 인면수심의 작태를 보였다. 성웅 충무공과 의로운 관헌들, 만세에 빛날 의병들과 목숨을 던져 왜병들과 끝까지 항쟁한 백성들의 위대한 민족정신과 영웅적 저항이 없었다면 조선은 1592년 훨씬 이전에 소돔과 고모라성처럼 흔적도 없이 멸망해 역사에서 사라졌을 것이다.

다산의 『일본론』은 망국의 치명적 오판

혹독하고 참담한 임진왜란 7년 전쟁이 끝나서 나라는 망하기 직전인데도 조선은 여전히 패거리 권력 싸움으로 백성들의 삶은 피폐함, 그 자체고 조선 전체는 목표와 희망을 잃고 망망대해에 표류하는 쪽박 같은 풍전등화의 위기였다. 특히 책임질 줄도 모르는 양반, 사대부 집단의 비이성적 작태는 나라 전체가 수십 갈래로 찢어져 붕괴하기 직전이었다. 한때 새로운 학풍과 실용적 기풍으로 실학의 기치를 높이 들었던 조선의 대표적 석학인 다산 정약용마저도 일본의 침략과 군사적 도발 움직임을 전혀 감지하지 못했다.

다산은 자신의 저서 『일본론』에서 일본이 조선을 재침할 우려는 근거 없는 추론이며 일본은 걱정할 필요가 없다는 견해를 밝혔다. 임진왜란으로 치명적 타격을 입은 조선은 불행하게도 기울어 가는 존망의 위기에서도 국가의 방향과 올바른 대응을 제시하는 지도자가 없었다. 민족의 미래를 내다보는 통찰력과 혜안을 지닌 출중한 리더십이 없었다는 것은 임진왜란에 이어서 되풀이되는 통한의 아픈 역사였다.

결국 다산 사후 70여년 후에 조선은 일본에 나라를 빼앗기는 경술국치의 비극적인 치욕을 겪었다.

2018년 〈다키스트 아워(Darkest Hour)〉라는 영화가 우리나라와 전 세계에서 화제를 불러일으킨 적이 있다. 2차 대전 당시 영국뿐 아니라 유럽에서 히틀러 나치의 침공을 격퇴하는 윈스턴 처칠 영국 총리의 리더십과 지도자로서의 용기와 결단을 잘 표현했다는 극찬을 받은 영화다.

영국 구원투수, 처칠의 혜안과 통찰

미국과 영국의 아카데미상과 골든 글로브상을 휩쓴 〈다키스트 아워〉는 영화보다도 실제 주인공 '윈스턴 처칠'의 영국 총리 재임 시 그의 뛰어난 통찰력과 예지력을 돋보이게 한 영화였다. 처칠 총리는 이미 나치 독일과 히틀러의 야심을 꿰뚫어 보고 있었다.

따라서 그는 오래전에 히틀러의 기습적 침공을 예견하고 주도면밀하게 전쟁에 대비해 왔다. 철석같이 믿었던 이웃나라 동맹국 프랑스가 나치에 함락되는 위기 상황에서도 처칠은 흔들리지 않고 결단의 리더십과 오랜 경륜으로 드골의 자유 프랑스를 강력히 지원했다. 처칠의 이런 결단과 리더십은 강력한 연합전선을 구축하는 원동력이 되어 반나치 전선에 강한 결속력을 다지는 계기가 되었다. 또 처칠은 내부의 적들과 싸우면서도 끊임없는 위대한 선택을 이끌어 냄으로써 2차 대전을 승리로 이끌 수 있었다.

처칠이 이끌었던 2차 대전 중, 영국의 나이 어린 10대 소녀 한 명이라도 치욕적 종군위안부로 끌려간 예가 없었다. 수많은 영국인들도 나치의 가스실로 끌려갔다는 소식도 없었다.

이 시대에 오래전 고인이 된 처칠의 리더십이 클로즈업되는 이유는 뭘까? 아마 시대적 배경을 떠나서 처칠처럼 국가적 위기를 오래전부터 대비하고 적국의 동향을 사전에 분석하는 통찰의 리더십과 심오한 경륜을 높이 평가하기 때문일 것이다.

거듭 되풀이하지만 우리 한반도 역사에서 우리는 900여 회의 집요한 그들의 침공에 제대로 대응한 사례가 많지 않았다.

일본은 미국의 집중 지원으로 이미 2000년 초에 군국 부활과 핵무장을 마치고 전쟁할 수 있는 준비 작업에 착수해 마무리 수순에 와 있다.

기습적 일본 핵무장, 국제적 대일 연합전선 구축하라

일본은 미·일 안보조약이 풀리는 순간 H2A 위성로켓에 비축한 10,000기 이상의 핵무기를 장착하고 대륙간탄도미사일 시스템을 즉시 작동할 것이다. 특히 일본 '이와쿠니'현 공군기지의 핵 폭격기 수백 대와 스텔스 전투기들이 선전포고 없이 서울과 평양 상공으로 긴급 발진할 것이다. 이 거대한 변칙적 대사건이 순간적 쓰나미와 대폭발로 우리 앞에 현실화된다면 민족의 운명과 국가적 안위에 대비하는 최소한도 전략적 대책은 준비되어 있어야 한다. 서둘러야 할 것은 한국 정부와 정치권 등 각계각층의 범국민적 광장토론회를 거쳐 최소한도 이 사안에 대해서는 전 국민적인 공동 대응을 이끌어내야 할 필요가 있다. 지난 2000년간 한·일 관계 역사 중

늘 일방적으로 기습적 허를 찔러 한반도를 공격했던 일본의 상습적 행태를 초기에 즉각 응징, 차단시키는 초반 전략을 시도해야 한다. 최소한의 일본 동향에 따라 유예 기간인 2~3년 내의 절제되고 냉철한 대일 침략 대응 범국가 종합시스템이 체계적으로 즉시 가동될 수 있도록 전 세계 민주주의 국가들과 공동연합전선 구축 또한 시급히 마련해야 한다.

나는 지난 30여 년 십자가를 짊어지고 일본 응징의 선두에서 일본과 국제 사회에서 온몸을 던져 싸워 오며 그들의 기본적 아이덴티티를 유심히 살폈다. 2006년 일본의 유엔안보리 상임이사국 진출 과정에서 회원국들의 직접투표 결과에서 참패할 때의 시점과 일본 핵 원전 플루토늄 과다 축적 과정 중 IAEA와 아베의 최측근 외교관과 한판을 크게 싸울 때 비겁하고 야비한 몰골을 바라보고 인간에 대한 신뢰를 접었었다. 나는 그때 뉴욕과 워싱턴에서 사색이 다 된 일본 군국 핵심인 그들의 얼굴이 일그러지는 모습을 똑똑히 지켜보았다. 일본 총리 아베가 2차 대전 당시 한국인 여성과 소녀들을 일본군 성노예로 유린한 역사를 부인했다. 유엔 인권위원회 맥두걸 보고서가 채택되고 미 상하원에서 일본의 전쟁 범죄와 역사 부정에 대한 강력한 비난이 일본을 강타했다.

나는 그래서 저들 일본인들의 대 한반도 공격에 있어서 비합법적 정당성의 결여와 일본 정부의 약육강식 스타일의 행태, 가학 피학의 사이코적 언동으로 국제 사회의 내막적 흐름은 저들 일본인들에 대한 심각한 신뢰상의 문제(Credibility Gap)로 인해 깊은 불신을 받고 있음을 인지하고 있다.

따라서 영국의 처칠 수상이 오래전부터 나치 독일과 히틀러의 내면세계의 전반적 흐름을 종합적으로 꿰뚫었듯이 일본 군국주의와 실제 일본 극우 핵심 세력의 동향에 정통한 전문가 그룹을 확대 개편해서 시급히 일본 군국화를 응징하는 다국적 대일연합전선 구성 등을 최우선적으로 협의해 나가도록 비상한 조치가 시급하다는 결론이다.

또한 한계 상황에 이른 일본 전체 사회의 폭발 직전의 정치, 경제, 사회적 문제를 전쟁 수요에 맞춰 이를 해소하려는 극단적인 군국주의 핵무장 추진 초강경파들의 음모를 응징해 강력히 차단시켜야 할 시급한 현안이다.

(2)
30대 청년 저자,
일본 공사 반역사성 응징하다

벌써 37년 전의 일이다.

1986년 7월 29일, 오후 4시.

아침부터 푹푹 찌는 듯한 삼복더위 날씨에 아랑곳하지 않고 저자는 이날 서울 종로구 중학동에 위치한 일본대사관을 찾았다. 그당시 저자는 그야말로 피 끓는 20대를 갓 넘은 30대 초반의 젊은이였다.

일본대사관 방문, 일본 역사 왜곡에 강력히 항의, 질타하다

주한 일본대사관 '요시히사 아라' 특명전권공사와 면담 일정이 잡혔다는 대사관 연락을 받았다. 공사를 잠시 기다리는 시간, 낯선 공간에서 온갖 만감이 교차하는 순간이었다.

악명 높은 주한 일본공사관, 순간 떠오른 명성황후 살해범 '미우라' 공사, 고종 황제를 협박하고 능멸했던 '하야시' 공사, 이 왜구 앞 잡이들을 맥아더는 도쿄 전범재판에서 부관참시했어야 했다.

잠시 후 '요시히사' 일본 공사가 들어와 인사를 나눴다. 통역자로 배석한 사람은 일본 대사관 '다미쯔지' 1등서기관이라고 공사는 소 개했다. 저자는 곧바로 '요시히사' 공사에게 항의를 시작했다.

저자: "일본 정부의 각료 '후지오' 문부장관 등의 '역사 왜곡'과 '망 언' 뒤에는 '군사 재무장' 음모가 있다. 그 배후에는 '군국주 의 부활'이 도사리고 있다. '후지오' 망언은 한반도를 다시 치겠다는 신호탄인가?"

일본 공사: "'후지오' 망언 사태는 당사자가 사과를 거부했지만 일 본 정부의 단호한 파면 조치가 있었다."

저자: "일본은 '망언'의 당사자가 바뀌면 또 다른 인사가 저지르 고 혹시 이런 비정상적 되풀이되는 행위는 일본 정부의 전 략인가?"

일본 공사: "……."

일본 정부는 한국인 학살과 강제 연행에 사과하지 않는가?

저자: "일본 정부는 한반도 일제강점기 35년 동안 700만 명의 한국인 학살과 강제 연행 사실에 사과한 적이 있었는가?"

일본 공사: "사과 여부를 확인하기 위해 본국 정부에 즉시 보고하겠다."

저자: "'요시히사' 공사! 귀국은 우리 한반도를 35년간 짓밟았고 우리는 온전한 국토가 아닌 두 동강난 조국을 되찾았다. 일본은 '한반도' 분단에 대한 책임과 역사적 죄과를 인정하는가?"

일본 공사: "……."

일본 외교관들은 곤란한 질문에는 아예 입을 다물었다.

일본은 한반도 분단과 전쟁에 책임을 통감하고 사죄하라

저자: "우리는 그 분단의 여파로 같은 민족 간에 한국전쟁을 치르게 되었다. 그 분단과 전쟁으로 인해 우리민족 누구나

고통을 겪지 않은 사람이 드물고 온몸에 독침과 같은 독소를 지닌 채 지난 40년간을 고통에 몸부림치고 있다. 반대로 귀국 일본은 한국전쟁 덕으로 물자를 팔아 벼락부자가 되었다. 일본은 한민족 앞에 사과하고 배상할 의사가 있는가?"

일본 공사: "……."

저자는 묵묵부답 야비한 표정으로 일관하는 일본 공사에게 일본의 무례함을 강력히 항의하고 외교적 결례를 질타했다. 저자는 자리를 박차고 일어서며 쏘아붙였다.

저자: "일본은 이성과 양심이 없나? 한반도 분단이 아닌 패전국 귀국 일본이 분단되었더라면 어땠을까? 양심을 갖고 진지하게 성찰해 보길 바란다."

(3)
일본의 반인도적 전쟁범죄는
공소시효 없다
1992.1.8. 24:00(이광출 앵커/전 KBS 뉴욕 특파원, 저자)
생방송 인터뷰

미야자와 일본 총리의 한국 방문을 앞두고 민족 단체 내부에서는 '진정한 사죄 없는 일 총리의 방한 반대'라는 의견이 모아졌다. 1월 8일부터 전국적 반대 집회가 열리고 있었다. 당시 노태우 정부는 마치 철옹성을 쌓는 듯이 엄청난 경찰력을 서울 주요 지점에 배치하는 등 삼엄한 경비 분위기였다.

일본 총리 한국 입국, 반대한다

KBS에서 '일본 총리 방한 반대' 이유와 민족 단체의 공식 입장을 인터뷰하자는 연락이 왔다. 독립운동가, 애국지사 원로들께서 등을 떠밀어 저자가 KBS 생방송 인터뷰에 응하기로 했다.

일본 700만 명 한국인 학살, 강제 연행 진상 밝혀라

이광출 KBS 앵커: "박경철 대표께서 미야자와 일본 총리의 한국 방문을 반대하는 이유는 무엇입니까?"

저자: "일본에 대한 돌이키기 어려운 불신 때문입니다. 한반도 침략에 대한 사죄와 배상은 고사하고 과거 침략 역사를 은폐하고 말살하려는 천인공노할 행태를 인류의 이름으로 응징해야 합니다. 일본이 태평양전쟁 중 강제 연행해 전쟁터로 끌고 간 한국인 수는 700만 명이 넘지 않습니까. 종군위안부, 군인, 군속 등 대다수가 사망했을 것으로 추정하고 살아 있더라도 이들에 대한 일본의 배려가 전혀 없는 것은 문명사회에서 있을 수 없는 비인도적 행위로서 국제사회는 이를 결코 용서해서는 안 됩니다."

이광출 KBS 앵커: "침략 청산이 안 된 대표적 사실을 구체적으로 말씀해 주십시오."

저자: "1965년 한·일 기본협정은 역사적으로나 현실적으로 국민의 합법적 지지를 받지 못 한 쿠데타 정부와 연줄이 있는 일본 군국 세력의 야합으로 원천 무효입니다. 일제의 침략 시기는 정당한 역사의 잣대로 보더라도 1905년 을사조약 당시부터 시작해야 합니다. 즉 조선 의병 활동에 대한 무자비한 토벌 행위, 3·1 독립운동 참여자들에 대한 무차별적 처

형, 한국과 만주 국경에서의 양민 대량 학살, 관동 대지진 조선인 학살, 강제 징집·징용, 종군위안부, 세균전, 조선인 생체 실험 등은 다시 철저히 진상이 규명되어야 합니다."

이광출 KBS 앵커: "일본의 교과서 역사 왜곡 사실이 드러난 이후 시정 약속이 이행되지 않고 있는 부분은 무엇입니까?"

저자: "대표적 조작 사례가 임나일본부설입니다. 4세기에 한반도 남부 지역을 일본이 200년간 통치했다고 일본 청소년들에게 거짓을 가르치는 이유가 무엇이라고 보십니까? 결국 원래 한반도는 고대부터 일본 땅이었기 때문에 한반도 침략은 침략이 아니라 과거 고토에 대한 진출이라는 막연한 환상을 심어 주는 무서운 음모라고 생각합니다."

일본 자위대 해외 파병은 국제 질서 파괴 행위

이광출 KBS 앵커: "최근 일본이 자위대 해외 파병과 역사 왜곡을 되풀이하는 배경에 대해 어떻게 생각하시는지요?"

저자: "일본 자위대 해외 파병(PKO)은 잘못된 발상으로 UN 헌장과 국제 질서 파괴 행위입니다. 일본은 '유엔적국'이기 때문

입니다. 일본 자위대가 파병되는 순간부터 일본의 군국주의는 날개를 달고 세계 평화를 위협할 것입니다. 일본 역사 왜곡의 배후에는 일본 군국 핵심 세력이 있고 그들은 과거 침략 세력의 정신적 지주였던 일본 왕을 숭배하는 황도주의로 무장되어 있음이 확실합니다."

이광출 KBS 앵커: "한·일 간의 과거사 해결 방안에 대해 말씀해 주십시오."

저자: "한국 정부가 일본이 자행하는 군사대국화와 역사 왜곡의 본질을 정확히 파악하는 것이 중요합니다. 고도의 군국프로젝트가 진행되는 것에 대해 한국 정부는 시기를 놓치기 전에 단호히 그 고리를 끊어야 합니다. 그리고 친일 정치인들은 부끄러워할 줄 알아야 하고 자숙하길 바랍니다."

(4)
온몸으로 강력히 저항한
일본 자위대 해외 파병(PKO)
폭염을 뚫고 430km 일본 응징, 규탄, 항의 도보 행진

저자는 예나 지금이나 미국이 큰 실수를 하고 있다고 생각한다. 그렇지 않고서야 어제의 적에게 '핵무장'과 '재무장'을 허락하는 미국의 이기적 패권적 발상에 절망하지 않을 수 없다. 미국의 일본 자위대 해외 파병(PKO) 허용은 유엔 적국인 일본의 최후 빗장까지 모두 풀어 준다는 뜻이다.

그러나 한반도를 지키고 국제정의를 위해 일본 응징을 멈출 수 없다. 온몸을 던져 저들에게 저항하고 국제 사회에 진실을 알리기 위해 '국토종단도보행진'을 시작했다. 우리 7명의 '일본자위대 해외 파병(PKO), 일본 응징, 항의 규탄 도보행진단'은 모두 30대 이하 젊은 회원들로 구성되었다.

저자, 일본군 전투함정이 유람선입니까?
《아사히 신문》 서울 특파원에게 일침 가하다

서울 도심을 벗어나서 경기도 과천으로 진입하고 있는데 일본 언론이라고 자신을 소개하며 가쁜 숨을 쉬며 달려와 인터뷰를 요청하며 명함을 준다. 미처 참석을 못 해서 뒤늦게 인터뷰를 요청한다고 했다.

"일본 아사히신문 서울지국장, 오다가와"

내가 먼저 물었다.

저자: "오늘 아침에 탑골공원에서 출발할 때 기자회견을 했는데?"

오다가와: "일본 자위대 해외 파병을 반대하는 이유가 무엇입니까?"

저자: "일본 자위대 해외 파병은 일본 평화헌법과 국제법에 정면 도전하는 반인류적 행위입니다. 결국은 '일본 재무장'의 계기가 되어 일본뿐 아니라 세계 평화를 해치는 재앙이기 때문입니다."

일본 아사히 신문 서울지국장은 한참을 생각하더니 다시 물었다.

오다가와: "걸프만에는 일본 정부가 지뢰 제거용 소해정만 파견했을 뿐 '일본군 해상자위대'는 아직 파병 전이고 계획도 없

는 것으로 알고 있습니다."

저자는 '아사히' 신문 기자를 향해 쏘아붙였다.

저자: "일본이 파견한 '지뢰 제거용 소해정' 선박이 군함이 아니라면 그 배가 '유람선'이란 말입니까?"

폭염 속 일본 응징, 행진 시민들 격려

8월의 폭염은 뜨거운 정도가 아니고 펄펄 끓는다는 표현이 더 적절한 듯 행진단의 가장 큰 고통은 폭염과 발과 다리의 통증이었다. 낮 12시에서 2시 사이에는 무조건 휴식을 취했다. 우리의 도보 행진 소식을 뉴스를 통해 알고 있는 시민들은 우리 '행진단'에 박수를 보냈고 음료수와 먹을 것, 의약품들을 보내 주셨다.

경기도 성환 평택 국도를 통과할 때쯤에는 지나가던 승용차에서 일부러 내려 점심을 대접하겠다던 분들을 설득해서 보내느라 진땀을 흘린 일도 있었다. 하루 40km 이상을 걷지 않으면 일정을 맞출 수가 없기 때문이다.

저자는 '행진단' 동지들에게 너무 힘들고 고통스러우면 "일본군에 강제 연행되어 태평양 이름 모를 섬에 일본군 총알받이가 되어 '어머니' 이름을 부르며 죽어 간 수많은 젊은 우리 동포들과 '종군위안부'로 끌려가 이유도 모른 채 꽃 같은 어린 나이에 짓밟히고 무참히 발로 채이거나 불에 타 비명에 죽어 간 우리의 누이들을 생각하라."고 독려했다.

폭염 속 1,000리 길 고통과 눈물의 행진 속에서도 피어난 시민들의 사랑과 격려가 없었다면 우리 일행은 완주하지 못했을지도 모른다.

미·일의 일본 재무장, 세계에 폭로 대장정 완료

12박 13일 대장정 끝에 빛고을 광주에 도착한 우리 '행진단' 일행은 '광주제일고' 교정에서 1929년 11월 3일 일본 식민 지배에 항의하기 위해 분연히 일어난 광주 학생들의 항일운동을 기리는 광주학생운동기념 탑에 참배했다.

광주 YMCA에서 일본 자위대 해외 파병(PKO)과 미국의 지원을 중단하라는 성명서를 발표했다. 또한 전 세계에 다시 한번 일본의 군국주의 부활과 '군사 재무장'을 지원하는 미국에 강력 항의하기 위해 도보 행진 종료 이후 저자는 '항의단식투쟁'을 선언했다. 주변의 만류와 건강을 위해 다음 기회로 미루자는 동지들의 호소에도 당시 30대의 청년이었던 저자는 완강하게 '항의단식'을 강행했다. 그 이유는 저자라도 이렇게 온몸을 던져 싸우지 않으면 웬만한 행동에는 눈도 깜빡하지 않는 저 오만한 초강대국들과 맞설 수 없다고 판단했기 때문이다.

저자의 예상대로 1992년 6월 4일 일본 국회는 PKO(일본 자위대 해외 파병) 법안을 전격적으로 통과시켰다. 그때 대한민국은 미일 합작의 일본군 자위대의 해외 출병이 벌어지는 비상한 상황인데도 대한민국은 대통령도 정당도 모두 침묵만 지키고 있었다. 참 답답 하고 참을 수 없는 분노와 울분의 시대였다.

(5)
저자,
일본 군국주의 부활 반대 내외신 긴급 기자회견
1991.8.29. 오전 10시 서울 종로 탑골공원 3·1 운동 발상지

* KBS, MBC, CBS, 《동아》, 《한국》, 《조선》, 《한겨레》, 《중앙》, 《경향》, 《세계》, 《국민일보》, 일본 《아사히신문》, 일본 《닛케이신문》, 합동 기자회견.

__내외신 취재기자단__: "오늘 행사의 의의는 무엇인가?"

__저자__: "일본의 자위대 해외 파병을 규탄하는 데 있다. 또 오늘은 81년 전 우리 민족이 일본 침략자들에게 강제로 나라를 찬탈당했던 통한의 국치일이다."

일본군 해외 파병은 미·일 공동 UN 헌장, 국제법 위반

일제의 잔혹한 식민 통치에서 비롯된 민족 분단과 비극적인 동족상잔의 후유증은 지금 이 순간까지도 우리 민족에게 가혹한 시련과 고통을 주고 있다. 더불어 일본은 2차 대전 중 2백만 명의 한국인을 포함한 3천만 명의 아시아인의 생명을 빼앗은 장본인이다. 그럼에도 불구하고 일본은 그 원죄에 대한 진정한 사죄와 배상도 없이 오히려 자신들의 범죄적 침략과 학살만행을 왜곡 은폐하여 역사적 사실을 살균 처리하기에 급급하고 있으며 오늘날 다시 대동아공영권을 외치고 해외에 자위대를 파병하기까지 이르렀다.

노태우 정권의 일본 자위대 해외 파병(PKO) 반대를 요구한다

그러나 정작 일본의 가장 혹독한 피해 당사국인 우리 정부와 여야 정치권은 미온적이고 소극적인 태도로 일관해 왔다. 이에 우리 국민회의는 국민들과 더불어 현 정권의 적극적이고 분명한 대일자세 확립을 촉구하고 일본의 군국주의 부활을 규탄하고자 오늘 행사를 준비한 것이다.

내외신 취재기자단: "본격화된 일본의 군국주의 부활과 함께 자위대 해외 파병을 계기로 일본의 군사력 증강 실태를 설명해 주었으면 한다."

일본의 군사대국화는 전쟁의 신호탄

저자: "일본은 지난 87년에 이미 GNP 1%라는 방위비 상한선을 돌파했다. 현재 일본군의 총 병력은 24만 7천 명이나 간부 중심의 기간편제를 유지하고 있기 때문에 유사시 5배 정도인 1백 20만 명으로 늘어날 수 있다. 또한 첨단무기로는 금번 걸프전쟁에서 위력을 과시한 수평선 너머 보이지 않는 적까지 탐지하는 '초수평선레이더'와 '공중조기경보기', '다연발로켓미사일'과 보이지 않는 '스텔스' 전투기까지 보유 혹은 자체 생산 능력을 갖고 있다."

내외신 취재기자단: "일본 방위청은 91년 회계연도의 예산에서 92년 방위비를 당초 예산보다 5.38%가 늘어난 4조6천2백20억 엔을 확정했다. 이 같은 막대한 일본의 군사력 증강은 무엇을 말해 주는가?"

저자: "영국의 국제전략문제연구소(IISS)가 해마다 발간하는 「밀리터리밸런스(The Military Balance 1989~1990)」에 의하면 일본은 1988년에 이미 미·소에 이어 세계 제3위의 군사비 지출국이 되었다고 밝혔다. 더불어 일본은 '중기(中期) 방위력 정비사업'을 마친 9년부터 다시 5년간 '차기(次期) 방위력 정비사업'을 실시해 18조억 엔 이상의 예산을 투입, 더욱 급속히 군사력 증강을 추진하고 있다. 유럽에서의 독일의 부활과 함께 아시아에서의 일본의 군국화는 '전후'로

부터 '전전 상황'으로 돌입하고 있다는 양상을 부인할 수 없다. 자위대 해외 파병으로 이제 일본의 제2차 아시아 지배책동은 시작됐다고 본다."

내외신 취재기자단: "그렇다면 일본의 이 같은 군사력 증강이 한반도에 미칠 영향은 무엇이며 우리의 대처방안은 어떤 것인가?

일본 군국주의 저지를 위한 아시아판 나토(NATO) 구성해야

저자: "만약 아시아에서 미국의 군사적 역할이 퇴조하고 일본의 군사력 증강이 계속될 경우, 과거 일본에 의해 침략당한 경험이 있는 한국, 중국 및 동남아 각국이 새로운 위협을 받게 될 것이다. 결국 아시아 제국은 이제 유럽이 나토(NATO)나 EU(유럽연합)처럼 일본의 경제 및 군사에 대응하는 범아세아적 '대항블럭화'를 구성하는 문제를 신중히 검토해야 한다고 생각한다. 유럽의 경우에는 만약 독일의 나치가 재기할 경우 이를 즉시 제어할 정치적 군사적 장치가 있는데 그것이 바로 NATO와 EU인 것이다."

내외신 취재기자단: "우리나라 정부와 여야 정치인들은 이상하게도 일본의 군국화 움직임에 관대하게 대해 왔다. 단지 경

제 협력 때문에 그렇다고 보지는 않는데…."

항일국제연대 창립 필요, 친일 정치인 퇴출시켜야

저자: "역사적 체험으로 볼 때 일본의 군국화를 막기 위해선 우리나라가 어느 나라보다도 이 '국제적 연대'와 '공동전선'을 주도하는 데 앞장서야 할 것이다. 그러나 우리 정치 지도자들에겐 이런 전략과 의지가 없음을 매우 안타깝게 생각하는 것이다. 얼마 전 최창윤 공보부장관이 일본 외신 기자들과의 간담회에서 "일본의 자위대 해외 파병을 이해한다."고 밝힌 것으로 보도가 됐었고 최근에는 이상옥 외무부장관이 "점증되는 일본의 군사대국화에 우려를 표명한다."라는 정도의 공식적이지도 않고 사적인 일본 기자간담회에서 사견을 밝힌 것을 볼 때 우리 정부의 진면목을 볼 수 있는 것이다. 이는 우리 정부의 친일적 성향에서 비롯되었다고 생각한다."

내외신 취재기자단: "일본은 군국주의를 부활시키면서 대동아공영권을 언급하고 있다. 이 문제에 대해 가장 위기감을 느껴야 할 우리 국민들이지만 실제로 그 같은 우려를 절실하게 느끼지 못하는 것 같다."

저자: "일본의 침략 정책은 교묘한 수법을 통해 진행되고 있다. 그들의 침략 형태는 먼저 '경제적 침투'에서 '문화적 침투', '군사적 침투'의 3단계로 진행되고 있다. 일본은 한·일 경제 교류에 있어서도 무역 수지 개선과 첨단기술 문제 등은 외면한 채 소위 문화 교류에 열을 올려 감수성이 예민한 우리 청소년을 집중 공략, 한편으로는 일본에 대한 막연한 선망과 동경의 마음을 일으키게 하고 다른 한편으로는 일본에의 종속 내지 의존에 대한 체념을 자아내려 하고 있다. 일본의 각료들에 의해 계속되는 망언들도 그 같은 맥락이다. '역사 왜곡 문제', '전후배상을 안 하겠다.', '침략을 하지 않았다.', '한국을 병탄한 것은 일본이 한국을 발전시킨 것이다.' 등 지속적인 망언은 그들 나름대로 교묘한 저의가 있다. 우선 그 같은 망언을 계속함으로써 한국인들을 망언에 지치게 만들고 무기력하게 만들며, 결국 한국인의 대일 감정을 약화·교란시키기 위한 것이다."

III.
미국의 일본 군국주의 허용은 세계 평화 파괴 실책

"일본은 자신들의 '종군위안부' 전쟁 범죄를 시인하고 자백하는
데 무려 50년이 걸리는 이해하기 어려운 국가."
- 저자, 세계적 역사학자 미 코네티컷대 '알렉시스 더든' 교수와 대화에서, 2015.8.

(1) 일본아 미국아 더 이상 무릎 꿇을 수 없다

(2) 미국, 중대한 실수하고 있다

(3) "일본 자위대는 방위 목적에만 국한된 원칙"

(4) 저자, 세계적 역사학자 '더든' 교수와 '독도 문제 대화',

"역사는 있는 그대로 보는 것"

(5) 조지 W. 부시 미 대통령께 보내는 저자의 긴급 서한,

"일본 군사재무장 허용은 미국의 치명적 오점"

(1)
일본아 미국아
더 이상 무릎 꿇을 수 없다

1991년 12월 10일, 쌀쌀한 날씨에 눈발마저 흩날리는 아침에 나와 일행은 맨하튼 1번가의 주UN 한국대표부를 향하고 있었다. 오전 10시에 노창희 유엔 수석대사와 신기복 차석대사 등과 면담 약속이 있었다. 뉴욕의 중심가 맨하튼은 세계 금융 중심지인 월스트리트와 유엔본부 등 마천루의 위용을 자랑하듯이 밀리는 차량과 넘치는 인파로 항상 복잡하다.

나는 당시에 30대의 젊은 청년으로서는 유일하게 〈국제정의사절단〉의 공동대표 자격으로 유엔과 미국 뉴욕 LA 하와이를 방문 중이었다.

사절단은 독립유공자이며 애국지사인 지익표 변호사, 애국지사 이옥동 전 국회의원, 여성독립운동 단체인 한국근우회 이희자 회장 등 일곱 명의 대표단으로 구성되어 있었다. 사절단의 방문 목표와 역할은 크게 두 가지였다. 첫 번째가 일본 정부의 2차 대전 당시 수백만 명의 한국인 학살과 강제 연행, 한반도 침략에 대한 공식 사죄와 배상 요구였다.

두 번째로는 일본의 급격한 핵무장을 위한 약 20톤 이상의 플루토늄 과다 보유였다. 또한 GNP 1/5 이상의 국방비를 지출하는 일본의 군사 재무장은 전수 방위가 아닌 공격형 전쟁 준비 상황이었다. 따라서, 미국 및 영국 프랑스의 핵기술 지원 중단과 군비 증강의 전면 취소를 강력히 요구하는 것이었다.

또 한 가지 우리 사절단의 특별 임무는 미 하와이 진주만 피습 50주년 행사에 참석, 전 세계 언론에 일본 핵무장과 군국 부활을 폭로하고 이의 중단을 요구하는 것이었다. 동시에 일본의 반인류적 망동을 규탄하고 미국과 유럽의 일본 지원 중단을 공개적으로 촉구하는 사상 초유의 사건이었다.

우리 사절단은 약속 시간인 오전 10시, 때맞추어 유엔 한국대사관에 도착했다. 허드슨강과 유엔본부 건물이 한눈에 들어오는 회의실로 안내된 우리 사절단은 외교관들과 함께 마주 앉아서 인사를 나누었다.

노창희 유엔 수석대사가 인사 말씀을 했다.

"1991년은 역사적 남북한 유엔 동시 가입과 갑작스러운 소련연방 해체라는 거대한 변화를 동시에 맞은 격동의 한 해였다."고 숨가빴던 1991년 한 해의 소회를 밝히며 사절단 일행의 대표부 방문을 환영했다.

특히 1991년 12월 10일, 우리 사절단의 유엔 한국대표부 방문 의미는 매우 각별했다. 향후 미·일 동맹과 관련 북 핵에 대응하는 한·미·일 안보 체제 등 새로운 전후 질서의 개편 등 격랑이 예상되기 때문이었다.

또 우리 사절단은 1991년 12월 한 해를 마무리하는 유엔 대표부의 방문객이었고 일본의 올바른 전후 청산과 핵무장과 군국 부활의 중단 요구라는 사상 초유의 무겁고 역사적인 담론을 제기했기 때문이었다.

사절단을 대표해서 지익표 변호사가 우리 대표단의 활동 내용을 설명했다.

우리 사절단은 불과 3일 전인 1991년 12월 7일에 하와이 진주만에서 일본 핵무장 실상과 미국의 지원 사실을 전 세계 언론에 폭로하는 역사적 거사를 치루고 오늘 뉴욕 유엔에 도착했다. 우리 사절단은 NYT, CNN, PBS, BBC, NHK 등과는 특별 인터뷰를 통해 일본에 대한 막대한 플루토늄 도입과 우라늄농축 허용 중단 등을 미국, 영국, 프랑스에 강력히 요구했다. 특히 전 세계 주요 언론이 우리의 주장을 신속하게 보도한 것 또한 매우 고무적이고 뜻깊은 역사적 사건이었다.

일찍이 없었던 사상 초유의 민간외교 활동이 전 세계 언론에 크게 보도된 사실에 유엔주재 외교관들도 큰 관심을 보였다. 이어서 사절단 총무인 내가 나섰다.

저자, 주UN 대한민국 수석대사에게 '일본 핵무장 저지 외교'를 강력히 요구함

"일본은 미국의 지원으로 핵을 개발하고 있다. 북한 핵은 IAEA의 철저한 통제 속에 미국 정부의 이중, 삼중에 걸친 물샐틈없는 감시를 받고 있다. 반면에 일본은 IAEA와 미국의 전폭적 지원 가운데 우라늄의 무제한 농축과 플루토늄 수입을 통한 막대한 양인 약 30여 톤을 보유하고 있다. 일본은 동시에 전쟁 준비를 위한 군비 증강과 군국 부활을 시도하고 있다.

유엔 헌장 제53조와 107조 규정대로 일본은 유엔 적국이다. 따라서 이러한 모든 행위는 명백한 국제법 위반이다. 우리는 〈국제정의사절단〉 대표 자격으로 대한민국 유엔대표부에 요청한다. 유엔헌장과 국제법 위반 국가인 일본을 안보리에 회부하여 군사 재무장과 핵무장을 즉시 중단시키고 응징할 것을 국제정의와 인류 공영의 이름으로 거듭 촉구한다. 이 목표와 역사적 당위가 우리 사절단의 주UN 한국대표부와 유엔본부의 방문 목적이다."

짧은 시간의 대화였지만 우리 유엔 주재 외교관들과의 만남은 깊은 울림과 함께 각별한 의미를 체감한 소중한 자리였다. 유엔 한국대표부에서 오전 일정을 마친 사절단은 오후 2시 인근 맨해튼 1번가 46st 유엔본부(United Nations Headquarters)에 도착했다.

저자, UN에 일본 한반도 침략 중 반인도적 전쟁 범죄 조사청원 요구

유엔본부 정치국장과 담당관, 외교관들과 우리 사절단의 만남이 이뤄졌다. 우리 사절단은 전후 세계 질서를 바로잡고 국제 정의와 인류의 보편적 가치를 추구해 온 유엔의 역할과 권위에 경의를 표했다.

또한 2차 대전 전쟁 범죄를 부인하고 사죄와 배상을 외면한 채 과거 역사를 왜곡하는 유엔 적국 일본의 일탈에 심각한 우려를 전달하고 유엔 차원의 강력한 제제와 경고를 촉구했다.

우리 사절단은 준비한 일본 전쟁 범죄에 대한 사죄와 배상을 요구하는 청원서를 전달하고 철저한 진상 규명과 유엔의 구체적 조치를 요구했다.

청원서 내용을 요약하면, 다음과 같다.

첫째, 한국인 700만 명의 강제 연행 사실(징용, 징병, 종군위안부, 근로정신대 등) 및 집단 학살 진상조사.

둘째, 구소련 지역, 사할린 지역의 한국인 징용자 43,000명 귀환 문제.

셋째, 원폭 피해 한국인 사망, 부상자 대책.

넷째, 태평양전쟁 중 강제 연행된 한국이 희생자 유골 수습, 본국 송환 문제.

다섯째, 식민 지배 중 탈취, 무단 반출된 20만 점 이상의 국보급 문화재 반환 등 피해 사실 항목과 증거 자료 등 방대한 양이었다.

특별히 한일 과거사 청산 문제에서 거론조차 되지 않았던 일본의 '남북 분단'과 '한국전쟁' 책임 이행을 유엔을 통해서 일본 정부에 요구한 것은 최초의 역사적 사건이었다.

저자, UN에 일본 한반도 침략, 남북 분단 원인 책임 사죄배상 청원

동시에 한반도 침략의 원죄인 1905년 가츠라·테프트 밀약의 공동주역인 미국에도 역사적, 정치적, 법률적 책임을 묻는 뼈아픈 질책이고 무언의 항의였다.

도널드 그레그, 전 주한 미국 대사는 2000년대 들어 언론과의 인터뷰에서 1905년 가츠라·테프트 밀약을 '한반도 분단 책임'과 관련해 '미국의 원죄'라고 고백한 용기 있는 증언의 주인공이다.

미국의 양심이 살아 있음을 밝히는 그나마 희망 섞인 위안의 증거다. 그레그 대사의 증언은 역사학자 시세로의 명언처럼 역사는 '시대를 밝히는 등불'임을 절감하지 않을 수 없다.

그날, 우리 사절단 모두는 깊은 감회에 젖어서 잠을 이루지 못했다고 했다. 일본 제국주의자들의 한반도 침략과 한반도 분단, 한반도전쟁과 한반도의 식민 지배의 책임 이행과 역사 청산은 새로운 역사의 퍼펙트 스톰과도 같은 거대한 반전이고 도전이었기 때문이다. 사절단 대부분이 70~80대의 노구를 이끌고 요구한 내용은 사실 온 인류가 공동 대응해야 할 국제정의 실현의 보편적 가치다.

따라서, 1991년 12월 10일, 그날 유엔에서 우리 사절단의 새로운 시도는 우리 민족의 문제뿐 아니라 온 인류의 가치를 실현하는 분단의 현실을 극복하고 일본의 군국주의 부활 저지와 핵무장 시도를 강력히 응징하는 우리의 의지와 용기를 세상에 보여 줬기 때문이다. 또 이 역사적 실체가 사실로 기록되어 우리 후손들에 그 정신이 고스란히 전달될 수 있다는 희망과 믿음이 분명하기 때문이다.

저자, UN본부 앞 외신 기자회견 '1951년 샌프란시스코 회담 일본의 간계와 음모 밝혀내야'

1991년 12월 10일 오후 3시, 유엔본부 앞 우리 사절단의 마지막 공식 일정인 기자회견이 유엔본부 앞 랄프 번치(Ralph Bunche) 공원에서 열렸다. 유엔과 뉴욕 주재 현지 언론인들이 우리 사절단의 유엔 메시지와 방문 사실에 큰 관심을 보였다. 또 랄프 번치에는 뉴욕한인회 변종덕 회장과 김영호 미주 뉴욕기독교방송 사장 등 재미 뉴욕 동포들도 많이 참석해 관심을 표명했다.

기자회견의 진행은 내가 맡았다.

"우리 사절단의 유엔 방문 목적은 과거 전쟁 범죄를 부인하고 다시 군국주의와 핵무장을 통해 전쟁 준비를 진행 중인 일본의 반인류적 폭거를 고발하기 위해서다. 또한 유엔과 미국이 국제 질서를 위협하는 일본을 즉시 응징하고 사죄와 반성을 요구할 것을 촉구하기 위해서다.

지금으로부터 70년 전에 1951년 4월 일본 총리 요시다가 한국전쟁이 한창이던 긴박한 시기에 극비리에 미국에 왔다. 요시다는 임박한 샌프란시스코 강화협정을 앞두고 미국에 집요한 로비를 벌이고 2차 대전 승전국 명단에 대한민국 임시정부를 제외시켜 달라는 간교한 음모와 술수를 벌여 급기야 하룻밤 사이에 대한민국 임정은 일본과 전쟁을 벌인 승전국 자격에서 일개 식민지로 전락하는 청천벽력의 비극적 사태가 발생했다.

이 비열하고 야비한 위선과 기망의 공작을 성공한 간교한 일본은 '독도'마저 한국 영토에서 요시다의 술책으로 반역사적이고 부정직한 미국의 야합으로 주인 없는 영토가 되었다.

누가 이 위선과 반역사적 죄악을 고발할 것인가? 누가 이 반인류적인 폭거를 뒤집고 정의와 공의의 역사를 다시 쓸 것인지 이 자리의 우리 모두는 이 수치와 모욕, 인고의 고통을 천추의 한으로 남겨 반드시 되돌려 줘야 한다."

저자, 가츠라·테프트 밀약, 분노와 울분의 UN 기자회견

1991년 12월 10일 오후 5시, 뉴욕 유엔본부 앞에서 터진 울분에 찬 30대 젊은 사절단 대표의 연설은 차라리 절규에 가까운 울부 짖음이었다.

역사학자로서 E.H. 카아는 역사의 의미를 '과거와 현재의 끊임 없는 대화'라는 매력적인 용어로 표현한다. 또 한편으로의 역사는 현실을 뚫어보고 과거를 풀어서 분석하는 통찰과 혜안의 지혜를 배우게 한다.

이런 측면에서 우리의 역사를 조망하는 일은 무겁고 힘든 일이다. 아무리 생각해도 한반도 우리 민족에는 영광의 역사, 좋은 역사보다는 비운의 역사와 불행한 역사가 더 많았기 때문이다.

그중에서도 우리 민족의 앞날을 절망의 늪, 망국의 길로 떠밀었던 가츠라·테프트 밀약을 그냥 지나칠 수는 없다. 1905년 7월 29일, 일본 가츠라 총리와 미국 테프트 육군 장관이 밀실에서 조선과 필리핀을 주고받아 식민지로 삼을 것을 양국이 합의했다. 이후로 조선은 망국의 낭떠러지로 사라졌다. 2000만 명의 조선인들은 나라를 잃고 일본의 노예와 같은 치욕과 속박의 36년을 보냈다.

이쯤해서 E.H. 카아의 과거와 현재와의 역사 법칙을 우리 역사에 대입해 본다. 을사늑약의 1905년과 2024년 지금 현재의 상황은 극단적으로 차이가 있지만 불행한 역사일수록 반복된다고 하는 공통점도 공존하고 있다.

G10 선진국 정상회의, 세계 8위 군사강국, 세계 10대 경제대국이라는 지금 우리의 위상을 열심히 들먹여 보지만 무의미한 가치들이다.

한반도를 둘러싼 4대 초강대국은 과거나 지금이나 변동 없는 세계 1, 2, 3, 4위의 강대국들이기 때문이다. 그중에서도 미국과 일본은 여전히 한반도를 정조준한 제2의 가츠라·테프트 밀약을 여전히 만지작거리며 획책 중이라는 사실이다.

미국 뉴욕 출신의 유명한 넌픽션 작가인 '제임스 브래들리'는 2010년에 출간된『제국의 항해(임페리얼 크루즈)』를 통해서 가츠라·테프트 밀약은 태평양전쟁과 6·25 한국전쟁의 비극적 결과를 초래한 최악의 선택이라고 주장한다. 저자 제임스 브래들리는『제국의 항해』코스를 딱 100년만인 2005년에 직접 답사하면서 책을 썼다고 한다. 저자는 책에서 미국의 루스벨트 대통령을 가츠라·테프트 밀약을 통해 일본의 조선 통치를 승인한 첫 번째 나라로 역사에 기록하였다. 물론 루스벨트도 조선을 배신한 첫 번째 미국의 대통령으로 천대 만대까지 기록될 터 지금 그 루스벨트 후예들은

115년 전과 똑같이 중국을 견제코자 동북아에서 2차 대전 전범 표식 잉크도 마르기 전에 핵무장과 군국 부활을 시켰다. 서태평양쪽의 인도와 협력하는 미국의 아시아 전략에 또 한국은 희생양 가능성이 커졌다.

저자, 「아미티지·조지프나이」 보고서는 '한반도 희생양 계획표' 미·일 강력 비판

루스벨트의 바톤을 이어받은 조지 부시가 테프트 대신에 아미티지 국무부 부장관과 민주당 빌 클린턴 정부의 조지프나이 국방부 차관보까지 차출해서 '한반도 희생양' 계획표를 작성해 발표했다. 그 유명한 2007년의 「아미티지·조지프나이 1, 2차 보고서」다.

우선 이 보고서의 성격을 정리해 보자. 2007년 미 공화, 민주당 정권이 공동으로 채택한 이 보고서의 핵심 골자는 "미·일 동맹은 일본 재무장과 평화헌법 제9조 개정이 조속히 이뤄져야한다는데 의견이 일치한다."고 선언했다.

미·일은 한반도를 향해 공개적 압박을 시작했다.

"한국은 일본의 2차 대전 전후의 모든 과거사(강제 연행, 학살행위 등) 문제로 일본과의 마찰을 피할 것과 이미 해결된 (1965년 한일기본협정, 박근혜 정부의 종군위안부 합의 등) 사안에 대해서 일본의 발목을 잡는 행위는 안 된다."고 못 박았다.

일방적 수준의 미·일 동맹의 선언, 이 행위를 두고 협박이라는 외의 단어는 찾을 수 없다. 여기서 미·일 동맹의 '미·일안보조약'과 한·미 동맹의 '한·미상호방위조약'의 정직한 해석과 판단을 일본인을 통해 정의해 보자.

"한국인보다 한국을 더 잘 안다."는 한반도 문제 전문가 '사와다 가쓰미'《마이니치신문》 전 서울 특파원의 '한국과 일본의 본질적 차이'를 들어 보라. 사와다 특파원은 "한국과 일본은 각자 미국의 동맹국이다. 그러나 미·일 동맹과 한·미 동맹은 조약에 의해 의미와 내용이 다르다. 예컨대 미·일 동맹은 '국제 평화 및 안전의 유지'라는 목적처럼 미국의 세계 전략 속에 편입되어 있다. 따라서 냉전 이후 '중국의 군사적 대두에 대응하기 위한 동맹'이라고 사와다 특파원은 최근 발간한 한국판 저서에서 주장했다. 또 한·미 동맹에 대해서 '반면에 한·미 동맹은 북한의 위협'에 대처하기 위한 국지적 동맹."이라고 분명한 선을 긋는다.

사와다《마이니치신문》 전 서울 특파원이 해석한 미·일 동맹의 성격과 가치는 '아미티지·조지프나이' 보고서의 내용과 거의 흡사하다.

우려했던 대로 일본 군국 핵심 세력은 미국의 아미티지·조지프나이 보고서를 자신들의 상황 논리에 따라 악용하고 있다. 대표적으로 고이즈미와 아베 전 총리 등 군국 추진 세력들은 남북한과 특히 북·미 간의 이간 책동을 광범위하게 획책하고 있다.

북미 정상회담 결렬, 배후는 일본

구체적으로 남북 간의 분열과 이간 책동으로 한반도 영구 분단을 고착화하려는 사술과 기망 행위는 어제 오늘의 일이 아니다.

2018년과 2019년, 북 핵을 둘러싼 긴장과 대립 속에서 미 트럼프 대통령과 김정은 위원장 간의 북미정상회담 과정에서 이를 결렬키 위한 음모와 공작 행위는 싱가포르 회담과 하노이 북미정상회담 과정에서 여실히 드러났다. 볼튼 전 백악관 안보보좌관의 회고록의 일본 음모는 사뭇 전율과 충격의 도가니를 연상케 한다.

미국이 결정적으로 쇠퇴하기 시작한 것은 일반적으로 공감하듯이 대체로 이라크 전쟁을 꼽는다. 끝이 없는 수렁 같은 전쟁 속에 수십억 달러의 전비가 소요되고 수많은 미군이 희생되었지만 미국이 생각했던 소득은 없었다. 미국은 힘의 우위를 과신했고 사담 후세인과 빈 라덴에 집착하다 보니 이라크에 이어 아프가니스탄의 함정에 또 빠진 것이다. 미국의 대일 정책이 이라크나 아프가니스탄처럼 되지 말란 법은 없다. 우선 미국은 국제 사회에서 볼 때 사담 후세인과 빈 라덴에 집착하는 것 이상으로 일본의 군국 부활과 핵무장에 필요 이상으로 집착해 왔다.

전후레짐(Regime) 파괴는 미국의 일본 핵 지원 때문

미국이 승리하고 미국이 새로운 승리의 표시로 설정해 놓은 2차 대전의 전후 질서와 초강대국 미국 위주의 국제 질서를 파괴하면서까지 미·일 동맹을 내세우고 전가의 보도처럼 이를 받들었다. 결국 전후레짐(Regime)을 파괴한 나라는 중국이나 러시아가 아닌 미국이었다.

미·일 동맹은 중국 견제라는 소탐대실의 단기적 미국의 이익을 지키는 것 이외에는 인류의 보편적 가치인 평화와 유엔 정신마저도 무시한 미국의 결정적 리스크로 자리 잡았다.

일본의 헌법 9조 개헌과 유엔안보리 상임이사국 진출이 번번이 좌절되자 초조한 아베는 오바마 대통령에게 매달려 도움을 요청했다.

2014년 오바마 미 대통령은 아베를 비롯한 이본 군국 극우 핵심 세력의 필생의 소원인 '일본군 집단적 자위권 행사'를 공식 승인했다.

사실상 일본은 평화헌법 9조를 개정한 효과를 얻었지만 대신에 미·일에 의해 전후의 국제 질서는 파괴된 것이나 다름없는 참담한 결과를 초래한 것이다.

저자와 함께 미국의 일본 핵무장 지원 반대한 용기 있는 미국의 지도자들

나는 지난 30여 년간 일본의 군국주의 부활, 핵무장 저지와 응징을 위해 싸워 오는 동안 많은 미국 인사들을 만나서 힘을 얻었다. 모두 미국 내 자신의 분야에서 중요한 영향력을 행사하는 주로 전문가 그룹에 속한 분들이었다. 미 국무부의 많은 외교관들과 퍼트닉 스타크, 미 하원 국제관계위원장과 단드 패셜 의원, 멀빈 M 디말리 의원 등 미 연방의회의 명망 있는 의원들은 민주, 공화 정당 자원을 벗어나 미 행정부의 국가 이익 우선주의에 맞서 인류의 보편적 가치와 국제정의를 추구하며 일본 정부의 핵무장을 강력히 비판하고 일일이 제동을 걸었다. 미 행정부의 사려 깊지 못한 일방적 일본 군국주의 부활 지원 움직임에 강한 우려와 반대를 표명했고 역사적 배경과 미래를 직시하는 통찰력 있는 분들이었다.

미국 내의 국가 전략 싱크탱크인 헤리티지재단 아시아센터, 로저 부룩스 소장, 부루킹스 연구소 슈테판 테스 박사 역시 미국의 이성과 양심 우선주의자였다. 특히 부시 미 행정부의 일본 PKO 해외 파병을 지원한 미 정부를 신랄히 비난하고 '맥아더'가 옳았다고 주장한 미 오하이호 국립대 '채드위크 알런' 교수는 미국이 제대로 방향을 잡아야 한다고 역설했다.

전 세계 역사학계를 움직여 일본과 '아베' 항복 받아낸 미 더든 교수

미국 역사학계와 세계 역사학계의 여론을 주도하며 국제정의를 주도하는 알렉시스 더든 교수는 세계가 주목하는 시대의 등불 역할을 하는 여성 학자로 일본의 종군위안부 부정과 아베 총리의 무지한 역사의식을 통렬히 비판하며 올바른 세계 역사의 정립을 위해서 일본의 멋대로식의 역사 왜곡에 강력한 제동을 거는 알렉시스 더든 교수는 세계적 역사학자로 일본의 유아적 역사의식을 꾸짖고 바로 세우는 선각자 역할을 수행 중이다.

더든 교수는 일본의 금권과 로비에 휘둘리지 않고 세계 역사의 올바른 방향을 정립하는 이성과 양심을 겸비한 역사학자다. 더든 교수는 인류 정의를 회복하고 자라나는 젊은 세대에게 보다 올바른 역사를 전하기 위한 많은 일들을 추진해 왔다.

'역사는 있는 그대로 보는 것' 저자 미 더든 교수 초청
국제정의평화상 시상, '역사는 있는 그대로 보는 것'

2015년 8월, 알렉시스 더든 교수는 한국을 방문했다. 권위 있는 만해 스님의 만해대상을 수상하기 위해서였다. 나는 더든 교수를 익산시로 초청했다. 내가 대표인 국제정의와 동북아평화포럼 주최, 제1호 국제정의평화상 수상자로 더든 교수를 결정했기 때문이다. 물론 행사에 참석한 익산 시민들에게 '역사는 있는 그대로 보는 것'이라는 의미 있는 강연과 메시지를 남겼다.

나는 1991년 일본의 유엔평화유지(PKO) 활동을 내세워 일본 자위대의 걸프만 파병을 시도하는 일본에 강력히 맞서 싸웠다. 동시에 일본의 해외 파병을 지지하는 미국과도 싸웠으니 나는 홀로 싸우며 이중 삼중의 벅차고 힘든 싸움을 전개하고 있었다.

나는 국내외 기자회견을 통해 미국을 향해 "2차 대전과 침략의 수괴인 최고 전범을 살려서 극동재판을 망친 미국이 이번에는 일본 군국주의를 다시 살리려고 한다."고 비난하고 "침략자에게 왜 다시 총을 쥐어 주려 하는가?"라며 미국을 강하게 질타했다.

저자, 일본 PKO 자위대 해외 파병 반대, 규탄, 항의! 430km 국토 종단 도보행진 강행

내가 대표로 있는 〈대일역사왜곡시정촉구범국민회〉의 회원들과 대한민국 국토를 도보로 항의 행진하는 외신 기자회견을 개최하고 12박 13일의 항의 도보행진에 돌입했다. 동시에 주한 미국대사 면담 요청을 하고 일본군 파병에 개입한 미국 정부에 특별항의서한을 전달했다. 설마 하던 일본과 미국이 2차 대전 이후 실제로 일본군을 걸프만에 해외 파병을 강행하는 모습에 내외신 언론도 상당히 충격을 받았고 나의 강한 항일 저항 행동은 외신을 포함해 국내외의 집중 조명을 받았다.

나는 일본의 자위대 해외 파병을 반대하고 항의하는 430km의 국토 도보행진에 앞서 내외신 기자회견을 출발지 서울 종로 탑골 공원에서 개최하여 그 부당성을 국제 사회에 알리는 데 성공했다. 8월의 무더운 혹서를 뚫고 서울에서 호남땅 광주까지 1000리 길을 걸은 우리 7명의 동지들은 강렬한 햇빛과 무더위 속 탈진의 고통 속에서도 되새겼던 우리의 다짐이 있었다.

"일본아, 미국아, 우리는 그대들에게 더 이상 무릎 꿇을 수 없다."
내가 지난 30여 년간 늘 잊지 않고 스스로 되뇌고 다짐하는 좌우명이고 경구다.

(2)
미국,
중대한 실수하고 있다
저자가 '그레그' 주한 미국 대사에게 보낸 서한

존경하는 도널드 P. 그레그 대사 귀하

우선 본인은 귀하가 어느 역대 미국대사보다도 한·미 관계 우호 증진을 위해 정력적으로 활동하고 있음에 깊은 인상을 받고 있습니다.

일본의 자위대 파병(PKO) 묵인, 미국과 미국 대사에게 항의, 취소 요구

본인은 한국의 젊은 시민운동가로서 귀국과 귀하께 심각한 항의를 제기하게 된 것을 매우 유감스럽게 생각합니다. 잘 아시다시피 일본의 페르시아만 자위대 출병 계획은 우리 한국 국민뿐만 아니라 일본에 피해를 당한 수십억의 아시아인들에게 커다란 충격을 주고 있습니다.

일본의 파병에는 귀국의 강력한 요청이 있었고, 일본 내의 극우 세력은 기다렸다는 듯이 찬스를 놓치지 않고 평화헌법 개정을 강력히 촉진하고 있는 것입니다.

그동안 귀국은 국제안보체제 유지에 경제력을 바탕으로 한 일본의 책임과 역할이 증대되어야 한다고 주장해 왔으며 이런 맥락에서 일본에 대한 페르시아만 파병을 요구했습니다.

국제법상 '자위대' 자체가 불법, 미국 치명적 오판

그러나 여기에서 귀국은 중대한 실수를 범하고 있습니다. 그것은 귀국이 만들어 준 제2차 세계대전의 전범국 일본의 헌법을 오늘날 스스로 깨뜨리고 그들을 군국화의 길로 유도하고 있는 자가당착적인 정책의 오류입니다.

또한 미국은 일본의 군사 재무장을 통한 군사대국화가 갖는 심각한 위험성을 망각하고 있습니다. 예컨대 미국이 맡고 있는 동북아시아의 안보를 일본에 점차적으로 이양한다는 구상은 마치 통일 전 서독의 방위를 미군 대신 프랑스가 맡으라는 것과 다름없는 것입니다,

우리 민족은 역사적으로 일본의 집요한 침략에 시달려 왔습니다. 일본에 갖고 있는 감정은 결코 일시적인 기우나 환상

이 아니고 그들의 대륙 침략 야욕과 항상 싸우며 우리를 지켜 나가야 하는 숙명적인 입장입니다.

미국이 맡는 서독 방위를 대신 프랑스에 맡기려 한다면

결국, 일본의 페르시아만 파병 결과는 귀국이 그들의 군사대국화에 결정적인 기여를 하는 역사의 오점을 남길 것입니다. 본인은 권위 있는 10월 19일자《뉴욕타임즈》의 칼럼리스트 '에이브로젠탈'이 기고한 사설에서 일본이 페르시아만 파병에 대한 미국의 역할에 매우 우려하는 글을 의미 있게 읽었습니다.

독일과는 정반대, 일본은 자신들 죄과를 전후 50년간 숨기기에 급급한 나라

또한 본인은 그동안 사려 깊은 미국인들을 만날 때마다 일본의 군국화에 대한 미국의 신중한 대처를 주장해 왔습니다. 어쩌면 일본의 군사대국화는 우리 한국을 비롯한 아시아뿐만 아니라 평화를 사랑하는 세계의 모든 국가라면 원치 않을 것입니다.

왜냐하면 그들은 같은 전범 국가인 독일과는 전혀 다르게 자신들의 과거 죄악을 살균 처리한 채 왜곡에 급급했기 때문입니다.

본인은 지난 1989년 3월 워싱턴의 헤리티지재단을 방문, 아시아문제연구소 소장인 '로저 앵거스 부룩스' 씨를 만나 점증하는 일본의 군국화를 경고한 바 있고 그 역시 깊은 공감을 표시한 바 있습니다.

한·미 관계 중대한 전환점, 불평등 관계 해소할 때

지금 한·미 관계는 중대한 전환점에 서 있습니다. 또한 한·미 간에는 분명히 해소되어야 할 불평등 관계가 존재하고 있을 뿐만 아니라 이제까지는 표면에 나타나지 않았던 마찰과 갈등과 이해의 상충을 현명하게 조정해야 할 과제가 남아 있습니다.

본인은 이러한 측면에서 결국 일본의 군국화 움직임이 미국의 방조 내지는 밀접한 관련으로 오해되어 한·미 양국 국민들의 관계에 장애가 발생하는 어떠한 일도 없기를 진심으로 희망하는 바입니다.

귀하의 건강과 행운을 빕니다.

1990년 10월 28일

대한민국

박경철

(3)
"일본 자위대는 방위 목적에만 국한된 원칙"
미국 대사가 저자에게 보낸 회신

1990년 11월 13일

존경하는 박 의장님,

페르시아만 위기와 관련된 미국의 정책에 대한 귀하의 사려 깊었던 서신에 대해 감사드립니다.

한·미 양국 간의 앞으로의 관계를 위한 귀하의 관심과 서로의 관계를 악화시킬 수도 있는 문제점들을 예방하도록 돕고자 하는 귀하의 뜻에 심심한 사의를 표합니다.

일본의 군사적 행동은 과거 비극적 역사 재현을 피해야 합니다

본인은 일본 본토 밖에서의 일본 군사적 행동 가능성에 대한 귀하의 우려가 과거 일본 군국주의에 의한 침략을 경험했던 많은 한국인들은 물론 다른 아시아 국가들의 공통된 감정이라는 것을 잘 알고 있습니다.

일본 정부는 물론, 우리 미국 정부도 역사적인 비극적 경험의 재현을 피하길 바라고 있습니다.

페르시아만 파병은 UN의 협력하에만 행동

페르시아만에서의 상황을 놓고 볼 때 미국 정부는 '사담 후세인'의 쿠웨이트 침공이 주권국가의 영토 독립성을 침해함으로써 국제 질서를 심각하게 위협했다고 믿고 있습니다.

UN은 공식적으로 이 침공을 단죄하고 모든 회원국들이 이라크의 철수를 위해 협력해야 한다고 말한 바 있습니다. 우리는 모든 국가들이 이러한 국제적 노력의 정신에 입각하여 상호 협력해야 한다고 믿고 있습니다.

미국 정부는 한국 정부는 물론 일본 정부와 우리의 모든 동맹 국가들에게 이러한 노력에 동참해 줄 것을 요청한 바 있습니다.

일본 자위대는 방위를 위해서만 사용되어야

우리는 '일본의 자위대는 방위를 위해서만 사용되어야 한다.'는 원칙에 입각하여 UN의 노력에 협력해 줄 것으로 믿는 바입니다.

감사합니다.

주한 미국 대사
도널드 P. 그레그

추신: 이토록 매우 중대한 사안에 대한 귀하의 의견에 심심한 감사를 표합니다.

Embassy of the United States of America

Seoul

November 13, 1990

Dear Mr. Park,

Thank you for your thoughtful letter expressing your
views on our policy relating to the Persian Gulf crisis. I
deeply appreciate your concern for the future of the
relationship between the United States and Korea and your
desire to help avoid problems that may put that relationship in
jeopardy.

I know that your feelings concerning the possibility of
Japanese military activity outside the Japanese home islands
are shared by many Koreans and by the citizens of other Asian
nations that experienced Japanese military occupation in the
past. Our government -- and the Japanese government as well --
shares your desire to avoid any recurrence of that tragic
historic experience.

With respect to the situation in the Persian Gulf, the
U.S. government believes that Saddam Hussein's invasion of
Kuwait poses a serious threat to the international order by
violating the territorial integrity of a sovreign state. The
United Nations has formally condemned the invasion and called
on all member states to cooperate in bringing about an Iraqi
withdrawal.

We believe that every nation should contribute to this
international effort according to its means. We have asked the
government of Japan, as well as the governments of the Republic
of Korea and our other allies to join in the effort. We
believe that the government of Japan will respond in a manner
which respects the principle that the Japanese Self Defense
Force must be used only for defensive purposes.

Sincerely,

*Thank you for sharing your
feelings on this very
important subject .*

Donald P. Gregg
Ambassador

Mr. Park Kyung-Cheol,
    Chairman,
        Politicians' Association for National
        Independence.

136

(4)
저자, 세계적 역사학자 '더든' 교수와
'독도 문제 대화', "역사는 있는 그대로 보는 것"
미국 코네티컷대, '알렉시스 더든' 교수와의 대화, 2015.8.

뉴욕에서 10시간여 비행 끝에 한국에 도착해 강연과 세미나 일정이 빡빡한 '알렉시스 더든' 교수가 피곤한 기색 없이 활력 넘치는 모습으로 저자와 만났다.

"아베 총리의 종군위안부 강제 연행 등 2차 대전 중 일본의 전쟁 범죄 역사를 부정하는 잘못된 역사관에 전 세계 역사학자들은 우려하고 있습니다."

일본이 1995년부터 '무라야마' 담화 지키도록 미국이 책임 있는 역할해야

그녀는 또 "미국은 일본이 1995년의 '무라야마' 담화를 지키도록 해야 합니다."라고 밝히며 계속되는 일본의 반역사적 행위에 미국의 책임 있는 역할을 주문했다.

아베 일본 총리의 과거사 역사 인식을 비판하고 반대하는 전 세계 역사학자 187명의 집단서명과 특별성명 발표를 주도한 미국 '코네티컷'대학의 '알렉시스 더든' 교수가 저자의 초청으로 2015년 8월 17일에 익산에 왔었다.

저자, 더든 교수에게 '국제정의평화사' 시상

미국 '컬럼비아'대학을 졸업하고 '시카고대학'에서 역사학 박사를 취득한 '더든' 교수는 미국의 대표적 동북아역사 전문가다. 저자는 '아베' 일본 총리의 반역사적 발언과 역사 왜곡 사실을 통렬히 꾸짖고 반성을 촉구해 온 '더든' 교수의 학자적 양심과 학문적 성과에 경의를 표하고 저자가 대표로 있는 〈국제정의와 동북아평화포럼〉이 주는 '국제정의평화상'을 전달했다. '더든' 교수는 수상 현장인 육아지원종합센터 강당에서 시민들에게 '평화에 이르는 길로서의 역사 이해'라는 주제로 특강을 했다.

'더든' 교수는 강연에서 '정치적 목적으로 역사를 취사선택하는 것은 잘못된 인식'이라며 일본 '아베' 정권의 반성을 촉구했다. '더든' 교수는 "역사는 사실 그대로 보고 이해하는 것이 중요하다."고 강조했다.

'더든' 교수는 특강과 시상식 등 익산에서의 예정된 일정을 마치고 저자와 함께 저녁 식사를 하면서 허심탄회한 대화를 나눴고 특히 일본의 과거사 왜곡과 1951년 미 샌프란시스코 회담 당시 미국의 '독도' 문제 처리 등이 현재의 분란을 가져온 배경 등에 집중해서 나눈 의견은 매우 신선하고 충격적이었다.

더든 교수, 미국은 일본의 독도 영유권 주장에 솔직한 역사적 역할 해야

저자: "'아베' 일본 총리의 과거사 왜곡 시도의 배경에는 미국이 직접적 연관이 있다는 지적이 많았습니다. 저는 1951년 '샌프란시스코' 강화조약에서 '독도' 문제에 대한 미국의 모호한 태도 등이 오늘의 분란의 씨앗이 되었다는 교수님 의견에 전적으로 동의합니다."

더든 교수: "전 세계에 영토 분쟁이 있는 지역은 모두 200여 곳이 넘습니다. 그러나 '독도'는 돌발 상황이 발생할 경우 미국이 한국 일본 양측에 모두 군사적으로 개입해서 상황을 무마해야 하는 유일한 지역입니다."

저자: "미국이 '샌프란시스코' 강화회담에서 '독도' 문제를 배제한 이유는 일본이 독도를 강점한 뒤에 1905년 도쿄에서 합의

한 '가츠라·테프트 밀약'에서 일본의 한국 병합, 미국의 필리핀 지배를 인정한 사실을 의식한 결과라는 주장에 대해서 어떻게 생각하십니까?"

더튼 교수: "미국은 역사적인 관점에서 '독도' 문제의 당사자국에 해당됩니다. 따라서, 미국의 역사적인 역할을 솔직히 인정하는 것이 한·일 간 분쟁 사태를 예방할 수 있는 방안이라고 생각합니다. 또 미국은 일본이 존재 자체를 부인하는 일본군 위안부 강제 연행 문제도 침묵할 것이 아니라 적극적으로 나서야 한다고 봅니다."

저자: "'아베' 총리의 일방적인 역사 왜곡 호도에 전 세계 역사학자 500여 명이 집단성명을 발표한 사실은 사상 초유의 역사적 사건입니다. 이 역할의 중심에서 애쓰신 '더튼' 교수님의 각별한 감회가 있으십니까?"

더튼 교수: "역사는 편한 대로 취사선택해서 필요한 것만 기억하는 것이 아닙니다. 있는 사실 그대로 이해하는 것이 중요합니다. 아베는 일본 정부가 과거에 세계 앞에 이미 사죄하고 인정한 역사적 사실까지 모두 부정하는 극단적인 강경론자입니다."

5)
조지 W. 부시 미 대통령께 보내는 저자의 긴급 서한,
"일본 군사 재무장 허용은 미국의 치명적 오점"

조지 W. 부시 미국 대통령 귀하

(미국의 일본 군사 재무장 허용은 인류의 재앙, 즉시 중단
요구)

나는 귀하의 부친 '조지 H.W. 부시' 대통령을 진주만에서 만났습니다

1991년 12월 7일 귀국의 하와이에서 열린 진주만 피습 50돌
기념식에 나는 한민족평화사절 대표단의 한 사람으로 그 역
사의 현장에 있었습니다. 미 해군의장대의 구슬픈 진혼곡이
진주만을 메아리치는 가운데 귀하의 부친인 부시 전 대통
령은 50년 전 해군 장교였던 자신이 직접 겪은 참상을 생생
히 증언했고 1,117명의 미군 동료들이 쓰러져 간 아리조나 기
념관을 바라보며 끝내 눈시울을 적시며 말을 잇지 못했습니
다. 또한 미국을 공격한 일본 군국 세력을 용서할 수 없으며

결코 이 사실을 잊지 않겠다고 다짐하는 부시 전 대통령의 단호한 모습을 나는 지금도 분명히 기억하고 있습니다.

부시 대통령 각하, 그러나 오늘의 미국은 부시 전 대통령의 다짐과는 다르게 일본이 저지른 제2차 세계대전의 돌이킬 수 없는 참상과 역사의 교훈을 너무 쉽게 잊어버린 듯합니다. 동양의 고사 중에 '온고지신'이라는 말이 있습니다. 즉, 과거 역사 교훈을 잘 살펴 잘못을 반복하지 않는 새로운 지혜와 도리를 구한다는 뜻입니다.

일본에 전범 면죄부, 미국은 진주만을 잊었습니까

제2차 세계대전에서 패전한 일본은 1951년 샌프란시스코 협약에서 전쟁 책임에 대한 면죄부를 만들어 준 미국의 핵우산 속에 안주하며 고도 경제 성장을 이뤄 왔습니다. 이후 미국은 일본에게 군비 증강을 부추겨 왔고 급기야 1991년 걸프전 당시 일본의 PKO 해외 파병을 관철시켰습니다. 미국에 의해 주도된 신(新) 미·일방위협력지침 체결은 일본의 군사 대국화에 날개를 달아 주는 계기가 되었고 지난 15년 동안 매년 500억 달러 이상을 군비 증강에 쏟아 부은 일본은 최신예 F-15 전투기를 비롯해 이지스함, 공중급유기, 조기경보

통제기, PAC-3 등 최신첨단무기에 첩보위성까지 쏘아 올려 한반도, 중국을 비롯한 주변국을 위협하고 있습니다.

일본은 군국주의·핵무장의 루비콘강을 건너기 시작했다

아시아에서 그 어느 국가도 대적할 수 없는 초군사강국 일본은 이제 마지막 단계인 평화헌법 폐기 선언만을 남긴 채 루비콘강을 건너기 시작했습니다. 미국은 이러한 일본의 급속한 군사 재무장에 그 책임을 통감해야 하며 세계 평화를 위해 지금 즉시 제동을 걸어야 함을 강력히 요구합니다.

특히, 일본이 보유한 85톤의 플루토늄은 미국이 100% 재처리와 해외 수입을 묵인해 준 것으로 일본이 핵무장할 경우 약 2,000여 기의 핵폭탄을 제조할 수 있는 천문학적 분량입니다. 일본이 발사 성공한 H2A 로켓은 지구를 수차례 돌 수 있는 최신 무제한 거리의 미사일이 장착 가능한 로켓으로 이 로켓에 핵탄두를 장착한다면 상상조차 할 수 없는 가공할 결과가 초래될 것이고 미국도 예외일 수는 없을 것입니다.

이라크나 알카에다도 미국의 푸들이었습니다. 일본은?

부시 대통령 각하, 미국의 지난 50년 세계 전략과 대외 정책은 베일에 가려진 채 결과적으로 국제 사회에서 정당한 평가와 정의로운 이미지를 구축하는 데 상당 부분 실패했습니다. 설령 성공했더라도 심각한 후유증으로 미국에 큰 부담으로 작용하고 있습니다. 예를 들어, 알카에다와 이라크의 사담 후세인까지 원래는 미국이 적극 지원한 친미 세력의 핵이었습니다. 이들은 지금 미국 공적 1호로서 모두 제거 대상입니다. 혼란스러운 경우지만 일본은 더욱 심각합니다. 제2차 세계대전의 최고 전범인 히로히토 일왕을 처형하지 않았을 뿐더러 지금도 UN에 의해 적국으로 규정되어 있는 일본을 미국이 앞장서서 도와주고 있음은 국제정의와 신뢰라는 측면에서 미국에 치명적인 상처를 주고 있음은 이제 역사적 고전이 되었습니다.

일본이 이라크나 알카에다처럼 제2의 진주만 기습 등 미국에 반하는 입장을 취할 경우 아무리 수퍼 파워 초강국 미국이지만 세계 군비 지출 2위 군사대국 일본을 쉽게 다루기는 어려울 지경으로 무섭게 커 버렸습니다.

북 핵 협상대표 미 로버트 갈루치, 일본 핵무장 공개 경고! 역사를 두려워하시길…

부시 대통령 각하, 미국에 대한 진심 어린 마음으로 진언합니다. 일본을 이대로 방치할 경우 세계는 또다시 엄청난 전화에 휩싸일 가능성이 높다는 것이 국제 전문가들의 일치된 견해입니다. 오죽했으면 클린턴 전 대통령이 1996년 재임 당시 핵개발기술 수출 금지 조치를 내렸고 더욱 흥미로운 사실은 북한 핵협상 미국 대표로서 북한 핵협상에 골몰하던 '로버트 갈루치' 미 국무부차관보의 일본 핵무장 가능성 경고와 1994년 2월 '페리' 미 국방장관의 미 상원에서 공개적인 일본 핵무장 경고는 극히 이례적인 사건으로써 일본의 핵무장이 임박한 것이 아닌가 하는 불길한 생각을 떨칠수가 없습니다. 일본은 이제 고이즈미 총리의 직접 지휘하에 완전 무장을 끝냈고 '유사 3법'을 통과시킨 후 이번에는 아예 영구적 해외 파병법 국회 통과를 눈앞에 두고 있습니다.

며칠 전 한국을 다녀갔던 '헨리 키신저' 전 미 국무장관은 1971년 '조우언 라이' 중국 총리와의 회담에서 "미국은 일본을 경제대국으로 만든 것을 후회하고 있다. 일본은 다시 군국주의로 돌변할 가능성이 있으며 이때 미국은 다른 나라와 힘을 합쳐 일본과 싸울 것이다."라고 말했다고 일본《산케이신문》은 최근 비밀 대화록을 인용 보도했습니다. 불행하게도 30년 전 '키신저' 장관의 예언은 적중했고 일본은 과거보다 더욱 강력한 군국주의로 돌변했음은 누구도 부정할 수

없는 사실입니다. 미국은 초군사강국 일본에 어떻게 대응할
것입니까?

지금 아시아는 이에 대한 미국의 진지하고 사려 깊은 답변
을 기다리고 있습니다. 각하의 건승을 기원합니다.

일본군국화 및 핵무장 저지

《국제평화시민연대위원회(JMNIPO)》

사무총장 박경철

대한민국

IV.
전 세계에서 펼친 저자의
전 지구적 일본 응징!

"대한민국 박경철 선생님, 우리 IAEA는 UN의 한 기구로서
핵 사찰과 관련 특정 국가에 무력을 행사할
어떤 권리나 능력을 가지고 있지 못합니다."
- 저자에게 보낸 IAEA '데이비드 키드' 대변인의 친필 서한
(오스트리아 빈 IAEA 발송) 내용 중(1994.6.16.)

(1) 저자, 미 워싱턴(Washington D·C)에서 일본 군국주의 응징

(2) 저자, 미 진주만(Pearl Harbor)에서 전 세계 언론 앞에

일본 핵무장 음모 응징! 미국 지원 강력 비판! 중단 촉구하다

(3) 저자, 유엔(UN)에서 일본 군국주의 부활 강력 응징!

(4) 저자, 도쿄(Tokyo)에서 일본 반역사성을 응징! 일본의 양심을 묻다

(5) 저자, 프랑스 파리(Paris)와 OECD에서 일본 핵무장 응징,

'플루토늄' 수출 거래 중단 촉구함

(6) 저자, 중국 베이징(Beijing)과 진강시(Zhenjiang)에서

후쿠시마 핵 오염수 투기 반대, 일본 핵 오염 강력 응징!

(7) 저자, 독일 본(Bonn)에서 전쟁 범죄 은폐, 유네스코 등재 일본 응징

(8) 저자, 네덜란드 헤이그(The Hague) 국제형사재판소에서 일본 핵무장 응징!

(1)
저자,
미 워싱턴(Washington D·C)에서 일본 군국주의 응징!

벌써 35년 전인 1989년 미국의 수도 워싱턴 덜레스 공항에 도착한 저자는 '포토맥' 강변을 따라서 워싱턴 D·C로 향하고 있었다.

워싱턴 D·C 중심가로 진입하면서 펜타곤, 국무부, 백악관, 미 의회 등 웅장한 건물들이 도열하듯이 서 있다. 세계의 권력이 집중되어 있는 미 워싱턴 D·C, 그만큼 전 세계의 국가들이 자국의 이익을 위해 치열한 외교전이 펼쳐지는 곳이다.

미국의 일본 재무장 허용은 중대한 실책, 미국의 정책통 집단 만나호소

미국 정부와 의회에 저자는 일본의 핵무장과 군사 재무장 즉각적 지원 중단과 국제 질서 파괴 행위에 항의하기 위해 '나 홀로 워싱턴!'에 날아온 1989년 3월 봄을 잊을 수가 없다. 그때 33세의 젊은 청년이었던 저자는 고립무원의 사뭇 비장한 각오와 확고한 의지로 무장한 '일본 응징!'이라는 정신력으로 충만했었다.

나는 왜 미 워싱턴에 왔나?

일본 군국화와 핵무장 응징을 위해서 "호랑이를 잡으려면 호랑이 소굴로!"라는 정면 돌파, '사즉생'의 각오였다. 미국을 설득시키려 하는 저자의 의지가 미 정치권과 조야에 얼마나 전달될까?

'포토맥' 강변을 달려 워싱턴 D·C로 향하는 택시 안에서 목적지인 GWU에 도착할 때까지 저자는 깊은 상념에 빠져 있었다.

미 조지워싱턴대 GWU클럽 마빈센터(Marvin Center)에서 윌리엄 베커(Dr. William Becker) 교수와 미 하워드대 이영호 교수와의 오찬은 매우 유익한 대화를 나눈 뜻깊은 자리였다. 특히 두 분 교수에게 저자가 워싱턴을 방문한 목적이 일본의 군국주의 부활을 저지하고 미국의 일방적 일본 재무장 지원에 항의하는 배경을 설명했다.

이영호 교수는 마침 세미나에 참석한 미 상원 외교위 전문위원과 '부루킹스연구소' Dr. Stephen Hess 선임연구원에게 저자의 뜻을 전달하고 일본 재무장을 지원하는 미국의 정책은 치명적 실수라고 강조하는 저자의 주장에 귀를 기울이며 심도 있는 대화를 나눌 수 있었던 것은 큰 행운이었다. 오후에는 헤리티지재단의 '로저부룩스' 아시아센터 연구소장을 방문해서 일본 재무장 반대 이유에 대해 충분한 논의를 할 수 있었다.

다음 날인 1989년 3월 28일 오후에는 이미 한 달 전에 약속된 미 국무부 '로렌스 A. 워커' 동북아 담당관과의 면담이 예정되어 있었다. 오후 2시 미 국무부에 이영호 교수와 함께 도착한 저자는 '워커' 담당관과 인사를 나눴다.

저자, 워싱턴 국무부 방문, 워커 동북아 담당관 면담

'워커' 동북아 담당관은 저자에게 멀리 떨어진 한국에서 미 국무부를 방문하느라 애쓰셨다고 인사했다. '워커' 담당관은 손수 커피와 다과를 대접하며 먼 이국의 젊은 방문객을 환영했다.

저자 미국의 유엔적국 일본 재무장 허용은 치명적 실수

"본인은 일본의 군국주의와 군사대국화를 반대하는 한국인 모임의 대표입니다. 일본은 2차 대전 전범국이지만 과거 전쟁 범죄 행위에 대해 대부분 부인하고 있습니다. 또한 국내외 역사를 사실과 다르게 왜곡해 주변국들과 심각한 마찰을 빚고 있습니다.

특히 반복되는 역사 왜곡 배경에는 일본 정부의 군사력 증강과 군국주의 부활의 노골화로 피해 당사자국들에게 매우 충격이 아닐 수 없습니다.

귀국 미국은 2차 대전 승전국으로서 패전국 일본의 '평화헌법'을 제정해서 역내 동북아의 평화와 안정에 크게 기여해 온 것에 대해 감사드립니다.

그러나 최근 귀국이 일본의 '재무장' 허용 움직임을 보이고 있는 데 대해 우리는 강력히 반대합니다. 잘 아시다시피 대표적 전범국이고 현재 유엔적국인 일본의 '재무장' 운운은 국제 질서를 파괴하는 중대한 문제라고 생각합니다.

동북아 평화에 심각한 혼란과 갈등이 야기될 일본 '재무장' 문제에 미국 정부의 분명한 반대 입장을 요구합니다."

미 정부는 일본의 전쟁 범죄 인정해야

'워커' 담당관: "미국 정부는 일본이 2차 대전 당시 전쟁 범죄를 부인하고 역사를 왜곡하는 행위에 반대합니다. 그러나 일본의 역사 왜곡과 전쟁 범죄 은폐 행위는 일본과 주변 관련 국들이 협의해서 스스로 풀어 나가야 할 문제입니다. 또 귀하께서 제기하신 일본의 '재무장'에 미국 정부가 지원하거나 이를 허용할 계획은 없습니다. 미국 정부는 또 일본 정부가 일본 헌법 내에 규정되어 있는 자위대의 방어적 원칙에 입각해 활동할 것이라 확신합니다."

일본 재무장은 인류 평화 파괴하는 군국주의 핵무장 가능성 직격하다

저자: "그러나 현실은 귀하의 말씀과 상당한 차이가 있음을 유감스럽게 생각합니다. 일본은 '군사재무장'의 일환으로서 그동안 GNP 1%의 국방비를 1986년 목표를 추진했고 달성했습니다. 그동안 일본의 GNP 1% 돌파 국방비는 일본 '재무장'의 사실상 마지노선이었음은 누구보다도 귀 미국 정부가 정확히 파악하리라 확신합니다.

　　미국의 일본 '재무장' 지원은 자칫 인류 평화를 짓밟았던 일본 군국주의 부활과 심지어 '핵무장'까지 불러올 수 있는 비극적 악몽이 재연될 가능성이 크다고 확신합니다. 미국정부의 결단을 거듭 요청드리는 바입니다."

미 국부부 '워커' 담당관 - 일본의 평화헌법은 엄격히 준수되어야

'워커' 담당관: 일본이 자국 내의 헌법 규정에 따라서 국가 정책을 결정하는 일은 미국이 간섭할 수는 없습니다. 일본은 평화헌법에 따라 그들의 의무와 권리를 준수하고 민주주의 국가로서 그 역할을 다하고 있다고 봅니다. 미국이 모든 일을 다 할 수는 없지만 동북아 역내 국가들 간의 평화를 위한 일에는 언제든지 미국의 역할을 다하겠다는 것이 미국 정부의 방침입니다.

일본의 평화헌법 준수가 인류의 보편적 가치다

저자: 역사학자들은 불행한 역사일수록 되풀이되는 경우가 많다고 역사의 반복과 존엄을 경고했습니다. 일본이 인류와 역사에 끼친 해악과 만행을 잊지 않고 경계하는 것은 평화와 정의를 갈망하는 인류의 보편적 가치라고 생각합니다. 시간을 허락해 주서서 감사합니다. 일본 군사대국화에 미국의 지원 중단을 한반도의 평화를 위해 강력히 거듭 요청합니다.

'워커' 담당관: "멀리 한국에서 와 주신 귀 대표에 감사드립니다. 저희도 유익한 대화를 잘 검토하겠습니다."

(2)
저자, 미 진주만(Pearl Harbor)에서
전 세계 언론 앞에 일본 핵무장 음모 응징!
미국 지원 강력 비판! 중단 촉구하다

저자는 1991년 12월 6일 미 하와이주 펄 하버(Pearl Harbor)에서 열린 진주만 피습 50주년 기념 행사장에서 CNN, NBC, BBC, 《뉴욕타임즈》,《워싱턴포스트》 등 전 세계 1000여 명이 넘는 외신 언론인들과 기자회견을 갖고 일본의 '플루토늄' 과다 수입과 불법적인 미국의 지원, 핵무장 일본 지원 중단을 강력히 요구했다.

저자는 애국지사 지익표 변호사와 광복회 부회장 이옥동 전 국회의원 등 6명 대표단으로 구성된 〈국제정의와 평화를 위한 한민족 UN사절단(Korean Mission for International Justice and Peace)〉 대표단 중 가장 젊은 30대의 공동대표로써 외신 언론의 집중 취재 대상이 되었다.

> **CNN, PBS, CBS 등 외신**: "귀하는 북 핵과 일본 핵 중 일본 핵이 더욱 위험하며 현재 상황에서 일본 핵무장을 부시 미 행정부가 지원하고 있다고 주장했다. 그 근거와 이유에 대해 답변을 요청한다."

저자: "일본에 대한 프랑스와 영국의 '플루토늄' 판매를 미국이 승인했다. 물론 전 세계 국가 중 일본만의 특혜를 부여했다. 일본은 세계 어느 나라에도 없는 핵재처리 시설을 '아오모리', '도카이무라' 등에 무제한 건설 중이다. IAEA는 이미 공정성과 기능성을 의심받고 있다. 부시 미 대통령은 인류 평화를 해치는 일본에 대해서 '플루토늄' 무제한 수입, 생산, 반입을 즉시 중단시키고 핵재처리 시설 지원을 즉시 취소해야 한다."

저자는 진주만의 태평양사령부 인근에 위치한 '애리조나함' 기념관 방문자센터 밖에서 전 세계 많은 언론들과 일본의 핵무장과 군국주의를 강력히 비판했다.

특히 저자는 〈국제정의와 평화를 위한 한민족 UN사절단〉 이름으로 '유엔적국' 일본의 경거망동을 온 인류가 강력히 응징해 다시는 전쟁광 일본의 발호를 원천 차단해야 한다는 '특별성명'을 발표했다. 30대 청년 저자는 CNN과 NBC, BBC 등 1천여 명의 세계 언론인들 앞에서 분연히 외쳤다.

"우리 한민족 UN 사절단은 군국주의 일본의 부활과 재무장, 그리고 핵무장을 지원하는 미국 정부와 부시 미 대통령에게 항의하며 이 중대한 미국의 실책을 즉각 중단할 것을 요구하러 이곳 진주만에 왔다.

미국은 진주만의 치욕을 되풀이하고자 하는가?"

(3)
저자,
유엔(UN)에서 일본 군국주의 부활 강력 응징!

저자와 〈국제정의한민족 사절단〉 대표단은 33년 전인 1991년 12월 10일 미 뉴욕에 위치한 유엔 본부를 전격 방문했다. 저자와 대표단은 유엔 사무처에서 유엔 사무총장 직속의 정무국장과 UN 외교관들을 만나서 일본 재무장과 핵무장을 저지하고 응징할 것과 일본의 한반도 불법 식민통치 및 2차 대전 중 전쟁 범죄를 UN이 직접 조사해 사죄와 배상을 요구하는 청원서를 제출했다.

저자는 유엔 사무총장에게 남긴 서한과 메시지를 통해 '유엔적국' 일본의 재무장과 핵무장을 최근 들어 미국이 노골적 지원을 되풀이하고 있는 사실에 강력히 항의하고 또한 분명히 반대하고 있음을 강조했다.

다음 사항으로, 일본의 2차 대전 전쟁 범죄에 대한 사죄 배상, 그리고 일본의 불법적 한국 침략과 분단에 대한 책임 이행을 촉구하는 10개항의 요구를 UN 사무총장 직속기관인 정무국에 제출했다.

UN에 대한 대표적 요구사항

1. 지난 일본 제국주의 식민치하에서 한민족에게 가한 비인
   도적 전쟁 범죄 행위 공식 사죄 및 배상.
2. 한반도의 분단과 6·25 한국전쟁이 미국과 일본에 의한 테
   프트·가츠라 등 미·일 비밀협약 체결로 인한 분명한 책임
   이 있음을 통감한다.
3. 무차별적 한국인에 대한 학살과 강제 연행 사죄, 배상 등
   이다.

또한 저자와 대표단은 뉴욕 한인회 변종덕 회장과 회원 500여
명의 재미 동포들을 만나 일본의 군국주의 부활과 대량의 플루토
늄을 미국의 지원으로 유럽으로부터 불법적으로 대량 수입하는
실상을 설명하고 일본의 핵무장 응징을 다짐했다.

주UN 대한민국 대표부를 방문해서 노창희 수석 유엔 대사와
신기복 대사를 면담하고 한국 외교가 유엔에 대한 전방위 외교를
펼쳐서 일본의 핵무장과 군국주의 저지를 위해 강력히 대응 주문
해 줄 것을 거듭 요청했다.

오후에는 또 UN 본부 앞 광장에서 내외신 기자회견을 개회했
다. 일본 핵무장을 위한 '플루토늄' 대량 수입은 뉘른베르크 전범재
판에서 확정된 ICC의 전쟁 준비와 의도를 갖춘 '전쟁예비음모죄'에

해당될 수 있음을 일본과 미국 그리고 UN에 경고했다.

저자는 미국 정부의 일본 정부에 대한 전 세계 어떤 국가에게도 제공하지 않았던 핵개발 특별 지원은 국제 질서를 파괴하며 국제법에 반하는 중대 범죄라고 거듭 미국 정부에 경고했다.

특히 1905년 가츠라·테프트 밀약으로 일본의 한반도 식민 지배와 한반도 분단에 대한 책임이 미국과 일본에 있음을 부정할 수 없다. 따라서 일본 핵무장 지원을 통해 국제정의를 파괴하는 미국은 즉각 일본에 대한 핵물질 수입 지원 특혜를 중단하고 세계 최대의 '플루토늄' 일본 비축량 전량을 폐기시킬 것을 요구했다.

(4)
저자, 도쿄(Tokyo)에서 일본 반역사성을 응징!
일본의 양심을 묻다

저자는 1994년 3월 14일 오전 10시, 도쿄(Tokyo)에 있는 일본 도쿄지방재판소에 당도했다.

1992년 8월 29일, 〈대일침략청산촉구한민족회〉, 〈사할린동포법률구조회〉 등 33개 민족운동단체들은 총연합하여 일본 정부를 상대로 '대일민족소송'을 제기했다. 일제 치하 한국인 피해자중 종군위안부, 징병, 징용 등 강제 연행자들과 학살 피해 당사자와 그 유족들은 대한변협 소속 지익표, 장철우, 박영립 등 200여 명의 변호사들이 참여한 대규모 〈대일민족소송단〉을 꾸려 공식 출범했다.

뿐만 아니라 일제 피해 당사자들과 유족들 피해 외에도 '한반도 불법 침략'과 '남북 분단'에 대한 책임 인정을 요구하는 사죄, 배상을 위한 '민족소송'이 2년째 진행 중인 상황이었다.

1994년 3월 14일 이날, 도쿄재판소에서는 제4차 공판이 진행되었고 저자는 공판을 참관하고자 '지익표' 대표변호사와 함께 지난 밤 늦게 도쿄에 도착했다. 저자는 잠시 전 폐정된 4차 공판을 지켜봤던 원고 선정 당사자로서 혹은 민족운동단체장으로서 깊은 실망과 유감을 느끼지 않을 수 없었다. 재판 진행 중 도저히 묵과할 수 없는 일본 법원의 비양심적 행위와 배경에 대해 반박하는 공식 입장을 밝히기로 우리는 의견을 모았다.

'호소가와' 제79대 일본 총리가 1993년 일본 국회에서 공식 발언을 통해서 "과거 일본의 조선 지배는 불법적 침략 행위임을 인정하고 사죄한다."는 의견을 밝혔다. 오늘 공판에서 '호소가와 발언'을 증거로 대한민국 원고 측 지익표 변호사가 '1993년 호소가와 일본 총리의 조선 침략 사죄'에 따른 일본 정부 소송 대리인의 입장이 무엇인지 밝힐 것을 요구했다.

일본 정부 대리인으로서 일본 법무부 소속 '와타나베' 검사는 "호소가와 일본 총리의 한반도 침략 사죄 발언은 정치적인 발언에 불과하다."고 일축해 버렸다. 순간 재판이 열리고 있던 709호 법정은 술렁거렸다.

국가최고지도자인 총리대신의 국회에서의 공식 사죄 발언을 정부 하급 관리가 별도 설명 없이 한마디로 일축한 행위로 미뤄볼 때에 일본이 정상적 법치국가인가 하는 의혹마저 들지 않을 수 없었다고 참석자들은 입을 모아 개탄을 금치 못했다.

CBS 도쿄특파원 이호준 기자 등 한국과 일본 언론 앞에 저자는 섰다.

"일본 정부와 법원의 양심을 묻는다.

우리 민족회의는 일제 치하 한국인 학살과 강제 연행, 불법 침략과 한반도 분단 등 사죄와 배상을 요구하는 '대일민족소송' 4차 재판을 참관하고 깊은 실망과 심각한 우려를 금할 수 없다. 지금 이 사건의 재판부는 원고단이 신청한 많은 증인 신청을 단 한 명도 채택은커녕 사유도 밝히지 않고 전원 각하했다. 이는 '재판 절차의 명백한 부정'이다.

우리는 일본 법원의 치졸한 재판 과정의 불공정이 계속될 경우 재판을 거부하고 '국제사법재판소'에 정식 제소할 것임을 엄중 경고한다."

결국 일본 법원에서의 민족소송은 1심, 항소심 모두 기각, 기각의 뻔한 재판이었고 2003년 3월 29일 '일본최고재판소'의 상고기각 결정이 내려졌다. 그러나 역사의 도도한 국제정의를 향한 물결은 일본을 스스로 옭아매어 국제 사회에서 고립무원의 처지가 될 것임을 경고하지 않을 수 없다.

이미 UN은 1963년 11월 총회에서 일본 침략자들의 조선에 대한 강제 을사늑약을 '무력에 의한 강제 행위'로 규정하고 원천무효 결의안을 통과시켰다. 주한 미국 대사를 역임한 '도널드 그레그' 대사는 '한반도 분단'은 1905년 가츠라·테프트 밀약이 원인으로 한민족에 사과한다는 입장을 언론 인터뷰를 통해 밝혔다.

일본 어떻게 할 것인가?

(5)
저자, 프랑스 파리(Paris)와 OECD에서
일본 핵무장 응징, '플루토늄' 수출 거래 중단 촉구함

저자는 1998년 6월 프랑스 파리로 날아갔다.

"프랑스를 비롯한 유럽 국가들이 미국의 패권주의를 경계하고 비판하듯이 한국과 중국을 비롯한 아시아 국가들이 일본에 플루토늄을 판매하고 있는 프랑스와 영국의 행태에 분노하고 있습니다."

프랑스 정부의 일본에 대한 플루토늄 판매에 대해 저자가 부당성을 강력히 지적하자 빠트리(M. J-J Patry) 박사는 곤혹스러운 모습이었다. 그는 프랑스 국방부의 전략고문과 국방대학원 전략연구실장을 맡고 있는 유능하고 명망 있는 교수다.

국방 전문가 빠트리(Patry) 박사 - 일본의 플루토늄 전용 반대

"제 개인적 견해로는 프랑스에서 쓰고 남은 핵폐기물을 일본에 판매하는 것을 반대합니다. 일본이 이 플루토늄을 이용하여 핵무장에 전용할 수 있다고 봅니다. 그렇지만 이는 민간 차원의 상업적 판매 행위라는 측면에서 이뤄졌습니다. 일본이 이를 순수에너지 확보 차원이 아닌 핵개발에 악용한다면 절대 용납할 수 없는 일이라고 생각합니다."

저자, 프랑스의 일본에 플루토늄 판매는 국제법 위반 항의!

저자는 프랑스에 체류하는 동안 조야의 많은 인사를 만났다.

일본의 핵무장과 군사대국화로 치닫고 있는 미·일 동맹 강화 움직임은 동북아시아의 시한폭탄으로 작용할 것이며 세계 평화에 결정적 장애가 될 것임을 경고했다.

저자가 만나 주요 인사는 다음과 같다.

'파스칼 쉐뇨(P. Chaigneau)' 파리정치대학원 총장과 서유럽동맹 전 사무총장 '까엔(A. Cahen)' 대사, EU(유럽연합) 여성전문가 '크리토프 차칼로프(M-F Christophe-Tchakaloff)' 파리5대학 교수, 파리2대학 총장을 역임한 '자크 로베르(J. Robert))' 교수, 파리8대학 '빈센(J-M. Vincent)' 정치대 학장을 만나 깊은 대화를 나눈 것은 큰 행운이었다.

특히 프랑스 육군의 예비역 고위 간부로서 방위전략 전문가인 '뒤푸르(M.Jean-Louis Dufour)' 교수와는 한반도와 동북아시아의 군축과 안보 상황에 대해 폭넓은 대화를 나누었다.

"1993년 1월, 프랑스는 한국의 시민단체와 그린피스 등 국제 환경단체의 강력한 반대와 항의에도 불구하고 일본에 플루토늄 1톤 판매를 강행했습니다. 일본의 플루토늄 수송 선박의 폭발, 유출, 해상 오염 등 환경적 재앙을 우려하는 수많은 아·태 주변 국가들의 반대를 외면한 것은 프랑스의 지나친 이기적 독선과 오만이라고 생각하지 않습니까?"

저자는 작심하고 프랑스의 플루토늄 일본 판매의 부당성을 신랄히 지적했다.

노벨상 수상자 '클로드 시몽', 일본은 핵 문제에 말할 자격이 없다

"1995년 프랑스의 핵실험을 비난한 일본의 노벨문학상 수상자인 '오에 겐자부로'에게 역시 노벨상 수상자인 프랑스 작가 '클로드 시몽'은 "일본은 말할 자격이 없다."고 했었습니다. 그러나 국제 사회에서 프랑스가 자유 정의의 상징적인 국가로서 존경을 받으려면 다른 국가들보다 도덕적 우위에 있어야 한다고 생각합니다. 프랑스의 플루토늄 일본 수출은 일본의 핵무장을 결정적으로 촉진시킨 결정적 요인이 될 것입니다."

'뒤푸르' 교수는 저자의 이야기를 주의 깊게 경청했다. 한참을 생각한 그는 이렇게 말했다.

"프랑스와 미·영·러·중 등 세계적으로 핵무기를 보유한 국가들에 핵 정책은 저마다 상황이 다르다고 생각합니다. 특히 프랑스의 일본에 대한 플루토늄 판매 문제가 비록 민간기업 차원의 상업적 판매 행위지만 이 자체가 일본의 핵무장과 연계된다면 이는 심각한 문제로서 충분한 국제적 조사와 검증이 뒤따라야 한다고 생각합니다. 또한 프랑스가 어느 국가와 비교해 도덕적 우위에 있다고는 말할 수 없습니다.

다만 유럽연합(EU)이 탄생하면서 앞으로 EU와 프랑스는 한국, 아시아와 더욱 가까워져야 한다는 것을 절실히 인식하게 되었습니다.

그리고 프랑스와 유럽이 미국의 일방주의와 패권 정책을 반대하듯이 미국이 지원하는 일본 군사대국화와 핵무장이 대한민국을 위협하고 한반도와 아시아 평화를 깨뜨리고 있다는 분명한 사실을 깨닫게 되었습니다."

'뒤푸르' 교수는 한국을 둘러싼 강대국 중·일의 군사대국화에 우려를 표명했다. 그는 중국을 견제하기 위한 미국의 일본 군사 재무장 지원에 대해 지극히 부정적인 생각을 갖고 있었다.

방위 전문가 '뒤푸르' 교수, 미국의 일본 재무장 지원 반대

유럽이 2차 세계대전 후 독일을 나토(NATO)와 유럽연합(EU)으로 감싸 안고 나갔듯이 냉전이 종식된 상황에서 일본을 아시아 국가들의 불럭화한 연합체에 묶어서 군사대국화를 저지해야 하며 이 과정에서 미국의 역할은 매우 중요한데도 불구하고 미국이 이를 간과한 채 오히려 미·일 군사 동맹의 강화 쪽으로 가는 것은 매우 치명적이고 중대한 실수라고 지적했다. 저자는 '뒤푸르' 교수에게 1994년 5월 일본 '도카이무라' 핵연료 공장에서 70kg의 플루토늄 은닉 사건을 자세히 설명하고 저자가 IAEA에 강력한 이의를 제기한 사건에 IAEA의 '한스 블릭스' 사무총장이 밝힌 견해에 대해 설명했다.

'뒤푸르' 교수는 이 사건에 대해 커다란 관심과 흥미를 표명했다. 그는 저자와 작별 인사를 하면서 마지막으로 매우 의미심장한 말을 남겼다.

"귀하의 IAEA에 대한 항의와 공정한 사찰 요구는 외교적으로나 역사적으로나 매우 커다란 의미가 있다고 생각합니다. 1995년 프랑스의 핵실험에 대해 호주, 뉴질랜드, 덴마크 등 많은 국가들이 반대했지만 그중에서도 호주 정부의 UN을 무대로 한 강력한 반발은 프랑스에게 매우 난처한 상황을 초래한 바 있었습니다. 저의 개인적 견해지만 일본의 핵무장과 군사대국화 문제는 국제 사회에서 한국 정부 차원의 강력한 문제 제기만이 커다란 효과를 거둘 수 있을 것이라고 생각합니다."

저자, OECD 방문, 일본의 플루토늄 OECD/NEA 보고서 부당성 반박

저자는 프랑스 마지막 일정으로 OECD를 방문했다. 다름 아닌 일본 정부의 '플루토늄 이용 방식의 경제성' 주장을 OECD/NEA의 보고서로 근거한 부분에 대해 사실 확인과 OECD에 이의를 제기하기 위해서다.

OECD본부를 방문한 저자는 롱(B. Long) 환경위원장과 히멘즈(Ulrich Hemenz) 발전분과위원장을 만나 일본이 프랑스와 영국으로부터 대량 수입하고 있는 '플루토늄'의 비경제적 근거를 제시하고 일본의 논리적 모순을 조목조목 지적했다.

"일본이 1993년 프랑스로부터 사들인 플루토늄 1톤의 가격은 일본 돈으로 13억 엔이다. 그러나 이를 운반한 '아카쓰기호' 선박에 지불한 수송료는 플루토늄 가격의 20배가 넘는 278억 엔이다.

이것이 어떻게 경제성이 있다고 할 수 있는가? 일본 정부의 플루토늄 수입이 결코 경제적인 에너지 수급 정책의 방법이 아님을 입증하는 사례는 수없이 많다. 그중에서도 플루토늄을 일본에 직접 판매하는 당사자국인 영국, 프랑스조차 경제적이 아니라는 이유로 플루토늄 재처리 계획을 포기한 사실을 일본은 어떻게 설명할 것인가?"

(6)
저자, 중국 베이징(Beijing)과 진강시(Zhenjiang)에서 후쿠시마 핵 오염수 투기 반대, 일본 핵 오염 강력 응징!

일본의 군비 증강과 핵무장 음모가 정점에 달했던 시기인 2000년대 초, 저자는 중국의 씽크탱크인 '중국사회과학원' 일본 연구소와 함께 일본 군사대국화, 역사 왜곡, 핵무장 등에 대해 의견을 공유하면서 일본 동향을 예의 주시해 왔다.

중국 '베이징'을 벗어나 지방정부인 강쑤성 진강시의 국제환경회의가 2014년 진강시 쉐라톤호텔에서 우리를 비롯, 미, 러시아, 독일, 영국, 일본 등 무려 15개국 대표단이 참석한 가운데 개최되었다. 저자는 기조연설을 맡았는데 특히 일본 후쿠시마 핵 원전 참사를 인류 환경 역사적 관점에서 비교 분석하며 강력히 비판해 주목을 받았다.

저자가 익산시장으로 재임 당시인 2014년 11월 중국 진강시 인민 정부의 초청으로 열린 '기후환경과 지속 가능 생태도시 구축을 위한 국제회의'는 대한민국을 비롯해 미국, 독일, 호주, 러시아, 프랑스, 일본 주최국 중국이 참여하는 매머드급 규모의 회의였다.

저자는 일본 '즈시'시장 등 일본 대표단이 참석한 첫날 개막 연설에서 일본의 후쿠시마 원전 핵 참사를 강력히 비난하고 일본의 세계 최대 플루토늄 보유는 분명히 비정상인데 지금 세대는 2차 대전 이후 전후에 전전으로 다시 되돌아가고 있다며 UN을 비롯한 세계 각국의 핵 원전 중단을 강력히 호소했다.

존경하는 국제회의 각국 대표단 여러분,

오늘 기후환경과 생태도시 국제회의에 참석하신 독일 '만하임'시장님, 호주 '페어필드'시장님, 러시아 '일렉트로스탈'시장님, 프랑스 '뮐류즈시' 시장님, 미국 '템퍼'시장님, 말레이시아 '쿠칭'시장님, 일본 '즈시'시장님과 각국 대표단 여러분께 감사드립니다.
그리고 이 국제회의를 개최해 주신 중국 '진강'시 대표단과 주효명 시장님께도 감사의 인사드립니다.

저는 중국과 일본 사이에 인접한 지리적 특성상 이 세 나라가 매우 가까운 이웃인 대한민국의 박경철 시장입니다.

후쿠시마 핵 원전 대폭발은 인류 역사상 가장 끔찍한 핵 방사능 유출 사고 대재앙

전 세계와 인류 사회는 불과 4년 전인 2011년 일본 '후쿠시마' 핵 원전 대폭발로 체르노빌 핵 원전 사고와 함께 이제껏 우리 인류가 겪지 못한 가장 끔찍하고 처참한 참상의 핵 방사능 유출 사고의 대재앙을 겪었습니다.

각국 대표단 여러분!
'후쿠시마' 참사는 전 지구적인 해양 환경에 커다란 영향을 미칠 수 있는 치명적 사고입니다. 특히 반감기가 24,300년 이상 되는 지구상에 가장 강력한 독성 핵물질 '플루토늄'이 다량 검출되어 국제 사회의 불안감을 증폭시키고 있습니다.

일본의 과도한 '플루토늄' 수입 비축이 제2의 대규모 핵 재앙 가속화

본인은 오래전부터 이웃 국가인 일본의 과도한 '플루토늄' 비축에 반대해 왔으며 특히 현재 50톤 이상의 막대한 '플루토늄'을 반입, 생산, 비축하고 있는 일본의 핵 원전에 대해, 세계적 지진 발생지인 일본에 대해 '플루토늄' 감축 등 특별 조치를 취해 줄 것을 UN과 IAEA에 강력히 촉구해 왔습니다.

바다는 수천 년 전의 선조들이 생명의 터전으로 우리에게 물려주었듯이 우리도 후손들에게 안전한 바다로 물려줘야

하고 그 누구도 이 신성한 바다를 오염시키고 범접할 수 없습니다.

오늘 이 국제회의가 기후환경뿐만 아니라 '후쿠시마' 핵 원전 문제까지 획기적 개선안이 마련되고 전 세계에 희망을 주는 결정적 계기가 되기를 기원합니다.

〈기후환경과 지속 가능 생태도시 구축위한 국제회의〉

중국 진강시 인민 정부 주최·진강시 쉐라톤 호텔

(2014.11.11~12.)

(7)
저자, 독일 본(Bonn)에서 전쟁 범죄 은폐,
유네스코 등재 일본 응징

세계유산 빙자한 일본의 반인도적 전쟁 범죄 '군함도'(독일 본(Bonn)
연설/2015.8.)

2015년 8월 10일 저자는 백제역사유적의 유네스코 세계유산 등
재를 위해 합동대표단 일원으로 독일 프랑크푸르트 국제공항에 도
착했다.

저자, 유네스코 총회 참석차 독일 방문

공항에는 많은 독일 동포들이 나와 있었다. 알고 보니 이번에 본
(Bonn) 월드컨퍼런스센터(WCCB)에서 열리는 유네스코 세계유산
총회에 우리 백제역사유적지와 일본 군함도가 함께 등재 신청을
했다는 사실이었다. 저자는 금방 일본 정부의 속셈을 간파할 수
있었다.

사악한 일본의 간계, 전쟁 범죄 '군함도' 유네스코 유산 등재 기도

일제 치하 군함도라는 사상 최악의 조선인 강제노동수용소를 개명 천지에 일본의 근대화 산업의 초석을 다진 역사적 장소로 둔 갑시켜 인류 문화의 상징인 유네스코 세계유산에 등재시키려는 저의가 무엇일까? 답은 자명하다. 역사를 왜곡하고 일본의 경제력과 자금을 배팅해 국제적으로 인정받으려는 가학 피학의 저급한 수작과 수법으로 한두 번 당한 것이 아닐진대 그 야비한 수법을 동원하는 교활하고 간교한 존재인 일본인들의 습성이다.

어떻든 백제역사유적과 일본 군함도가 세계유산 총회장에서 동시에 등재를 위해 상정되니 저자는 양쪽의 상황을 모두 체크하며 만약의 경우에 대비해야만 했다.

섭씨 40도의 뜨거운 날씨에 독일 동포들의 의연한 자세에 감동받아

마침 우리 백제역사유적이 회의 첫날의 본 회의에 상정된다는 소식을 듣고 총회장을 나서는 순간 그늘 한 점 없는 8월의 강렬한 햇볕과 섭씨 40도의 폭서는 감당키 힘든 날씨였다. 광장에는 베를린, 퀼른, 만하임 등 독일 전역에서 모인 한국 동포 200여 명이 간이 햇볕 차단막에 의지한 채 "일본 역사 왜곡 반대!", "군함도 세계유산 등재 반대!", "일본은 한국인 학살, 강제 동원 사죄하라!"는 구호를 외치고 있었다.

이역만리 독일 땅 각 지역에서 새벽부터 출발해 그늘 한 점 없는 이곳에서 '일본 사죄' 구호를 외치는 동포들을 보는 순간 나도 모르게 왈칵 눈물이 쏟아졌다. 고국을 떠나면 모두 애국자가 된다는 말은 있지만 이토록 절절한 독일 동포들의 한민족과 조국에 대한 뜨거운 사랑은 상상키 어려운 일이 아닐 수 없었다.

저자는 결연한 의지로 동포들 앞에서 인사를 드리고 즉석연설을 시작했다.

"사랑하는 독일 동포 여러분,

이곳 독일 본에서 존경하는 교민 여러분을 뵙게 되어 진심으로 영광이고 기쁜 마음입니다.
일본의 대표적인 한국인 강제 연행과 인권 유린 상징인 '군함도' 유네스코 등재를 반대하시는 동포 여러분께 감사드립니다.
특히 오늘 이 자리에는 이곳 본(Bonn)뿐이 아니라 베를린, 프랑크푸르트, 뉘른베르크 등지의 가깝지 않은 길을 달려오신 동포 여러분의 민족과 나라 사랑에 감동마저 느낍니다."

일본의 2차 대전 중 700만 명 조선인 학살, 강제 연행 전쟁 범죄 진상 규명되어야

"일본은 태평양전쟁을 일으키고 조선인 700만 명을 죽음의 전쟁터로 '군함도'와도 같은 강제 노동의 징용터로 끌고 가서 인간 이하의 취급을 하며 우리의 부모, 형제자매들을 착취하고 인권을 유린했습니다. 특히 꽃같이 젊고 아름다운 20대의 젊은 여성 무려 20만 명을 강제로 끌고 가 일본군들의 '성노예'로 학대하고 그 진상이 탄로 날 것을 두려워해 그들을 집단 학살하는 인류 최악의 범죄를 저지른 추악한 학살자들이 바로 '일본'입니다.

저 학살자들은 부끄러움을 모르고 이성도 양심도 상실한 가학 피학적인 정신분열집단 아니면 저지를 수 없는 종군위안부 범죄 행위를 50년 반세기 동안 은폐하고 부인하고 모른척해 온 인면수심의 짐승들 같은 존재라고 하는 편이 더 적절할지 모르겠습니다."

제2의 홀로코스트 법안 제정해 일본 전쟁 범죄 왜곡, 부인하는 자들 응징해야

"일본의 총리인 '아베'라는 자는 이 종군위안부 '존재 자체'를 부인하고 한국인 매춘부 집단이라는 궤변을 늘어놓다가 유엔과 미 하원에서 아베의 망언을 규탄하는 결의안이 압도적으로 채택되어 세계적 '범죄자'로 규정된 자입니다.

　유럽에는 '홀로코스트' 법안이 시행 중으로 알고 있습니다. 유대인 학살 사건 관련 나치의 만행을 부인하거나 왜곡하는 한마디 발언만 잘못해도 현행범으로 즉시 체포, 구금하고 있는 것은 위대한 유럽 시민 아니고서는 일본인들 같으면 백 번 천 번을 죽었다 깨어나도 불가능한 '정의와 공정'이 가득한 유럽인들의 긍지와 자긍심이 아닐 수 없습니다.

　존경하는 독일 동포 여러분!
　한국인 강제 연행, 징용, 착취, 학대, 인권 유린을 삭제하고 이런 문제와 전혀 상관없는 일본의 근대 유산과 산업화의 상징으로 포장해서 유네스코 세계유산에 등재하려는 '군함도'는 일본 정부의 치 떨리는 거짓과 비양심, 그리고 무서운 인간성 파괴로 인류를 기망하는 천인공노할 작태가 아닐 수 없습니다."

군함도 유네스코 유산 등재는 인류 기망의 천인공노할 만행

　"또 일본은 미국의 지원과 경제력을 바탕으로 핵무장과 군국주의를 다시 획책하고 있음은 주지의 사실입니다. 온 인류를 충격에 빠뜨린 일본 '후쿠시마' 핵 원전 폭발로 인한 대규모 핵 방사능 유출로 반감기 24,300년인 '플루토늄'과 '세슘' 등 알 수 없는 수많은 방사능 핵물질 유출로 전 세계를 오염시킨 인류 공동의 적인 일본을 우리는 용서할 수 없습니다.

반드시 저들의 핵무장과 군국주의를 응징하고 저지시켜야 합니다.

저들은 다시 수백만 톤의 핵 방사능 오염수를 태평양에 무단 방류하려는 반인류적 행태를 서슴지 않고 있습니다."

독일, EU 등 유럽 양심적 국가들이 일본 응징에 공동으로 나서야

"독일, EU 등 유럽의 양심적 국가들이 이러한 일본을 단호히 응징해야 한다고 말씀드리고 싶습니다. 제가 듣기로는 어제 '유네스코' 세계유산위원회에서 나온 정보에 의하면 유네스코 역시 한국 동포 여러분들의 이 놀라운 단합된 모습과 국제정의를 추구하는 올바른 세계 시민의식을 주목하기 시작했다고 합니다.

또한 세계 각국의 양심 있는 지구촌 시민들의 일본에 대한 불의와 반역사적 행태, 반성할 줄 모르는 '전쟁 범죄'에 대해 강력한 항의의 뜻을 밝히고 있어서 일본 군함도의 세계유산 등재 여부를 고심 중에 있다고 전해 들었습니다.

그리고 일본 대표단과 이견을 보여 일단 내일 회의로 미룬다는 방침을 전해 들었습니다. 저 역시 끝까지 동포들과 함께하며 독일에 체류하는 내내 유네스코 세계유산위원회 회의가 끝나는 시점까지 '일본 군함도'의 거짓과 부정을 전 세계에 밝히고 유산 등재 저지를 위해 최선을 다하겠습니다."

(8)
저자, 네덜란드 헤이그(The Hague)
국제형사재판소에서 일본 핵무장 응징!

2014년 10월 저자는 네덜란드 암스테르담에서 승용차로 50Km를 달려서 헤이그(Hague)에 도착했다. 가장 먼저 찾은 곳은 Wagenstraat 124에 위치한 '이준 열사 기념관'. 저자는 이준 열사께 존경과 감사의 인사를 드리고 이곳 '헤이그'에서 일본 핵무장의 불법과 부당함을 응징키로 다짐했다.

이어 방문한 국제형사재판소(ICC)는 2차 대전 중 전쟁 책임을 추상같이 물어 독일 나치 전범들을 철저히 조사, 응징한 '뉘른베르크' 군사재판의 정신을 그대로 승계한 선각자적인 존재의 국제형사법원이다. 그중에서도 '인도에 반하는 전쟁 범죄', '평화에 반하는 범죄'는 ICC 재판의 핵심이다. 그렇다면, 이 시간 현재까지 '유엔적국 일본'은 미국에 이어 전 세계 2위의 막대한 '플루토늄' 80톤을 보유하고 있는 명백한 국제법 위반 국가다. 또 일본의 무제한 '플루토늄'과 '농축우라늄' 생산을 허용한 미국 역시 심각한 국제적 질서를 파괴하는 국가임을 부인할 수 없다.

2011년 폭발한 '후쿠시마' 핵 원전은 플루토늄 수천 kg을 비축해 놓은 사실상 핵무기 제조 공장이나 다름없다. 극도로 위험한 MOX 연료(Mixed Oxide)는 '플루토늄과 농축우라늄'의 합성 핵물질로 기존의 '플루토늄'보다 독성과 폭발력이 강력하다. 문제는 이 MOX 연료가 2011년 대폭발을 일으킨 일본 후쿠시마 핵 원전 3호기에서 대규모로 발견된 것은 충격이었다. 일본의 노골적 핵개발 의혹은 명백한 '유엔헌장 위반'이다. 일본은 지난 30여 년간 '플루토늄'을 핵폭탄 제조용이 아닌 산업용과 에너지용 등 평화적 목적으로 이용하겠다는 외부 선전용 대의명분은 허구와 간계로 밝혀졌다. 2011년 후쿠시마 핵 원전 대참사는 이를 여실히 입증하고 있다.

이곳 '헤이그'의 국제형사재판소에서 저자는 일본의 '플루토늄' 세계 2위의 과다 비축과 MOX 핵물질을 유럽 내 특정 국가와 불법으로 생산하고 있는 국제법 위반과 범죄 사실에 대해 ICC의 판단을 구하고자 한다.

결국 '뉘른베르크' 국제법과 ICC에 명시된 '평화에 반하는 범죄' 행위에 대해서 철저한 조사가 선행되어야 할 것이다. 1994년 6월 IAEA '데이비드 키드' 대변인이 저자에게 보낸 서한에서 키드 대변인은 저자에게 이렇게 진심을 이야기했다. 영문 서한의 원문 그대로를 옮겨 본다.

"We are well aware of fears some national…." [(일본을 비

롯한 3~4개국이) 보유하고 있는 막대한 '플루토늄' 보유량
에 IAEA도 '두려움'을 느끼고 있습니다.]

일본의 핵무장 움직임은 매우 노골화된 지 오래다. 아마 빠른
기간 내에 일본의 '핵무장' 선언이 있을 것임을 예상하고 있다. 그
러나 만약 일본이 핵무장 선언을 한다면 동시에 일본은 전 인류
공동의 적이 될 것임을 일본에 엄중히 경고한다! 일본은 동시에 국
제형사재판소(International Criminal Court)의 '예비 전쟁 범죄'
음모 혐의로 즉시 기소되고 참담한 최후를 맞게 될 것임을 아울러
강력히 경고한다.

V.
시지프스 형벌,
일본 군국주의 본진 핵심을 응징, 타격!

"일본 자위대 해외 파병은 국제법에 정면으로 도전하는
반인류적 폭거."

- 저자, 일본《아사히 신문》'오다가와' 서울지국장과 인터뷰
(1991.8.29., 서울 광화문)

(1) 고 '아베 신조' 군국 핵심 세력과의 혈투와 응징은 끝나지 않은 현재 진행형

(2) '아베'의 오른팔 고마쓰 외교관의 간계를 초반에 강력 응징!

(3) 미치가미 외교관, 비판이 두려우면 솔직하라

(4) 일본 최고재판소, 이성과 양심에 눈떠라

(5) 부트로스 갈리 유엔 사무총장에게 저자의 항의 서한 발송

(1)
고 '아베 신조' 군국 핵심 세력과의 혈투와 응징은 끝나지 않은 현재 진행형

아베 총리가 피습, 사망한 이후 숱하게 많은 그에 대한 평가가 나왔지만 부정적인 기류가 훨씬 강했다. 우선 그가 죽기까지 그의 정치 지도자로서 진운을 걸고 매달렸던 일은 '국제 평화'나 '인류의 화합', '기후환경'과 같은 세계적 리더십과는 동떨어진 전쟁을 위한 일본을 목표를 추구하고 실제로 행동한 가학, 피학적인 매우 독특한 파괴적 성향의 인물이었다.

또 하나 그는 일본 '군사대국화'의 완성과 '핵무장'을 조속히 앞당기기 위해 미국을 움직여 전 세계 최대의 '플루토늄'을 일본 곳곳에 산처럼 높이 비축했다가 결국 터져 버리게 한 장본인 중의 한 사람이다. 인류 최악의 핵폭발 재앙, '후쿠시마' 핵 원전 방사능 유출 대사건의 책임자로 손꼽히는 일본 최고지도자 중 한 사람임을 부인할 수 없다.

따라서 그의 짧지 않은 삶은 배신과 아집, 상대를 반드시 무너뜨려야 한다는 독선으로 일관해 온 덕스럽지 못한 '배신의 아이콘,

아베'의 이미지가 매우 강한 정치 지도자였다.

'아베'는 극단적 군국주의자, A급 전범의 외손자

저자에게 있어서도 아베는 아픔과 고통의 대상이었다. 아베는 2차 대전 핵심 전범 기시 전 총리의 외손자다. 일본의 압제에 신음하던 조선의 선각자들은 저들에게 굴복하지 않고 강력히 저항했다. 저자의 외조부는 한반도를 침공한 일본의 수괴 기시에 강력히 저항해 조국의 독립을 위해 일본과 싸운 3·1 독립운동의 애국지사다.

저자의 선친 또한 일제의 침략에 의해 분단되어 동족 간의 전쟁인 6·25 한국전쟁의 최전선에서 풍전등화의 대한민국의 운명을 지켜낸 육사 출신의 전쟁 영웅이다.

반면에 이 고통스러운 역사적 시대에 태어나 나라를 위해 몸 바친 선대들은 고통스럽게 유명을 달리하였고 집안은 풍비박산이 나서 저자 역시 어려운 청소년기를 힘겹게 보내야만 했다. 그러나 1급 전범의 손자이고 총리의 손자로서 호의호식하던 '아베'가 반성은 고사하고 총리가 된 이후에도 직접 군국주의 깃발을 들고 전 세계를 무대로 '플루토늄'을 닥치는 대로 수입, 반입해서 핵무장을 꾀하는 저급스러운 '아베'의 섬 동네식 정치에 저자는 개탄과 실망을 금치 못했다.

미국에는 착한 '푸들', 한국에는 적대적

'아베'는 미국에는 한없이 착한 '푸들' 같은 존재였지만 한민족을 향해서는 과거와 다름없는 기망과 술수, 음모로 일관, '종군위안부', '강제 징용' 등 그들의 반인륜적인 전쟁 범죄를 모두 부정하는 파렴치한 행태를 지난 50여 년간 반복적으로 자행해 왔다.

'아베'의 한민족을 향한 이간질은 너무 유명하다. 트럼프 대통령 당시 백악관 안보보좌관이었던 '볼튼'은 회고록에서 '북미정상회담'을 앞두고 미국으로 날아간 '아베'가 북미 간 정상회담 자체를 무산시켰다고 밝힌 바 있다.

또 남북 관계에도 그리고 한미 관계에도 '아베'는 끊임없이 이간질을 통해 한민족을 고통스럽게 했다. 이제야 비로소 알려진 듯하지만 사실은 1905년 미·일 테프트·가쓰라 밀약에서 1951년 '샌프란시스코' 강화회담에서 한국을 2차 대전 승전국 위상에서 옵저버로 떨어뜨리는 이간질과 기망 행위로 전후 국제 질서를 무너뜨린 반역사적 범죄자가 일본 정부다.

역사에 무지한 '아베', 전 세계 지성 앞에 무릎 꿇었다

'아베'의 국제 정의를 부정하고 파괴하는 역사 왜곡 사실에 결국 전 세계 역사학자 500여 명이 스스로 일어나 아베의 반역사성을 규탄하는 특별성명서를 채택했다. 미국의 저명한 역사학자 '알렉시스 더든' 교수 등이 주도한 성명에서 "역사를 왜곡하는 일본 총리 '아베'를 가장 파렴치하고 비열한 인물로 규정."하였다.

또 2007년에는 미국 하원 전체총회에서 '아베'의 역사 왜곡을 강력히 규탄하고 그가 역사적 존재 자체를 부정한 '한국 여성 종군위안부'에 대해 '일본 정부의 공식 사과를 촉구한 결의안'을 만장일치로 채택하는 역사적 이정표가 세워졌다.

결국 '아베'는 일본의 반인륜적 전쟁 범죄를 끝까지 은폐하려다가 분노에 가득 찬 전 세계인들의 십자포화를 막고 무너졌다.

'아베'와의 싸움은 현재 진행형

군국주의자 '아베'의 일생은 이렇듯 역사 왜곡, 음모, 한국인 말살, 배신과 이간질의 저질 정치로 일관했다. '아베'는 일본 핵무장을 자신의 최우선 목표와 최고의 실적으로 내세우는 군국주의 부활 정치를 추진했다.

저자 역시 20대, 30대 젊은 시기부터 일본 핵무장과 군국주의를 응징하고 저지하는 전 지구적 독립군 활동에 지난 30여 년 오랜 세월을 헌신해 왔다.

저자는 UN, IAEA 등 전 세계 곳곳에서 '아베'와 그 군국주의 조

무래기 일당 등과 곳곳에서 부딪히며 치열한 대결을 펼쳐왔다.

　우연의 일치이겠으나 저자와 '아베'는 '일본 핵'을 주제로 대학초청 강연을 했었다. 저자는 2001년 5월 14일 국립익산대가 주최한 초청강연에서 '일본 핵무장과 플루토늄 과다 비축' 위험성에 대해서 조목조목 사실을 제시하며 대책을 촉구했고 대표적인 위험 지역인 일본 '후쿠이현', '롯카쇼무라', '도카이무라' 핵 원전 등은 대형 지진과 해일 가능성이 매우 높은 지역으로 비축한 대규모의 '플루토늄'을 즉시 전량 폐기해야 할 것을 경고했다.

　특히 일본에 대한 무제한적인 '농축우라늄' 양산을 허용한 미국은 지구상에서 가장 위험한 MOX(플루토늄+우라늄 혼합물) 재앙에 대해 분명한 안전대책을 지금 제시하고 방지책을 마련할 때라고 미국을 강력히 질타했었다.

　'아베' 역시 1년 후인 2002년 5월 1일 '와세다'대학 강연회에서 연설을 했다.

　아베는 강연에서 "자위권 행사를 위한 최소한 기준을 넘지 않는다면 일본이 핵무기를 보유하는 것을 일본 헌법이 허용하고 있다."는 사실과 다른 엉뚱한 발언으로 큰 논란을 일으켰다.

　'아베'는 당시 일본 정부의 '관방부장관'으로서 '비핵 3원칙'에 정면으로 위배되는 망언 파동을 일으켰다.

　그러나 더 중요한 의미는 '아베'는 지도자로서 자질을 의심받을 수밖에 없는 식견을 지니고 있었다. 그는 공부도 안 했을 뿐더러 정치지도자로서 자신의 소신과 철학이 부족했다. '아베'의 머릿속에는 '핵무기 사용'의 편법이나 '전쟁을 위한 핵 보유' 생각뿐이었다.

저자의 통찰이 옳았다

저자는 그가 2015년의 총리로서 마지막으로 강행해 이뤄 낸 '집단적 자위권 행사' 법률안 통과를 주목하고 있다.

2014년 '아베' 총리가 일본 내각의 법제장관으로 전격 발탁한 인물은 현직 프랑스대사 '고마쓰 이치로'였다. 일평생 외교관을 직업으로 일해 온 프랑스 대사를 의회의 법률안을 총괄하는 '법제장관'으로 임명한 자체가 파격이었다. 그러나 대한민국에서 냉철히 '아베'와 '고마쓰'를 지켜본 저자는 고개를 끄덕였다.

'고마쓰'가 누구인지를 정확히 파악하고 있는 저자는 그가 40대의 젊은 외교관 시절, 대한민국 일본 대사관 공사로서 일본 핵과 관련된 '플루토늄' 일본 반입, 생산, 비축의 정당성을 일개 공사급의 외교관이 사력을 다해 한국의 유력한 신문인 《조선일보》에서 '특별 기고'를 통해 고군분투했던 사실을 정확히 알고 있기 때문이다.

그 이유는 '고마쓰'가 일본의 핵무장과 '플루토늄' 보유가 일본의 평화적 핵에너지 사용을 위한 정상적 활동임을 홍보했지만 저자의 강력한 공세로 차단되었는데 저자의 반박이론이 오히려 그의 논리를 압도했었기 때문이다.

저자는 1995년 《조선일보》를 매개로 '고마쓰'와 서로 논리적으로 치열한 공방을 벌이는 과정 중 '고마쓰' 공사의 태도에서 매우 이기적이고 독특한 특성을 발견했었다.

'고마쓰'는 유연하게 자신의 입장을 유보하는 양 상대를 설득시키려는 외교관 특유의 모습이 아니고 처음부터 자신의 입장을 밀어붙여 관철시키려는 강한 의지를 보였다.

특히 외교관으로서 전문 분야가 아닌 '플루토늄'이니 '고속증식로', MOX(플루서멀) 혼합물 같은 생소한 화학 용어를 끝까지 앞세우며 일본 정부의 핵무장 당위성을 강변하는 행위는 어딘가 '조직화된 특별교육'을 받는 일본 군국주의 핵심 세력일 것이라는 합리적 의심을 하기에 충분한 언행을 보였다.

저자, 아베와 일본 군국 음모를 꿰뚫어 보고 있었다

저자는 그가 일본 내각의 아베 총리의 최측근 오른팔 격이 되었을 때 그를 통해서 일본 헌법 9조를 개정하거나 '집단적자위권'을 통과시키려는 판단을 했었다. 그러나 기습적으로 일본 국회에서 오바마 미 대통령의 양해가 떨어지자마자 수일 내에 '아베'와 '고마쓰'의 신속한 결의안 통과를 전격적으로 단행할 줄을 몰랐다.

저자는 30여 년 전 한국의 조선일보를 통해서 "일본 핵무장 증거가 많다."라는 기습적 공격에, '평화적 에너지 이용일 뿐'이라는 '고마쓰' 공사와의 공방을 벌일 때 그는 저자보다 4~5살의 연상인 40대 젊은 외교관이었고 저자는 역시 30대의 같은 젊은이였다.

그러나 그가 일본 군국주의 정부에서 '괴물 외교관'으로 양육되어 '법제장관'으로 군국의 수괴 '아베' 총리에 의해 임명되어 언제든지 '한반도로 일본군도 들어올 수 있고' 일본은 '전쟁도 일으킬 수 있는 나라'로 변신한 '집단적 자위권'이라는 필생의 과제를 성취하는 데 그 역할을 다했을까?

그는 외교관으로서도 장관으로서도, 관료로서도 성공하지 못한 일본 군국주의의 희생양이고 소모품에 불과한 빛도 영광도 없는 불행한 삶이었던 것 같다.

특히 '아베'의 경우도 다르지 않다.
저자는 먼저 일본 의회에서 '집단적 자위권'을 통과시킨 직후 얼마되지 않아 65세의 많지 않은 나이에 갑자기 급사한 '고마쓰' 장관의 허망한 죽음을 지켜봤다. 그리고 아베도 불과 수년 후에 일본 땅에서 일본인에 의해 피격당해 사망했다.

후쿠시마 핵 원전의 처참한 참상을 목격하고 직접 사고를 수습

했던 '간 나오토' 총리는 '후쿠시마' 핵 원전의 모든 시설을 폐쇄할 것을 명령했다. 일본 총리로서 전 세계 인류에게 더 이상의 핵과 방사능 피해를 줄이겠다는 당연하고 양심적인 결단이었다. 그러나 총리에 당선된 '아베'는 즉시 재가동을 명령했다.

일본이 인류 앞에 사죄하고 피해를 최소화하는 전 세계적인 염원에 기여하는 마지막 기회를 '아베'는 스스로 발로 차 버리는 만행을 저질렀다.

그리고 전 세계가 걱정과 근심과 고통 속에 반대했던 '후쿠시마' 핵 방사능 폐오염수 수백만 톤을 무차별 방류하기 시작했다.
일본은 2차 대전 이후 전 인류를 상대로 천인공노할 핵 방사능 세례의 죄악을 자행하기 시작했다.

인류에 해악 끼친 '아베', 지옥이 기다린다

따라서 저자는 전 인류에게 충격과 고통을 준 '후쿠시마' 핵 원전 폐쇄를 명령한 '간 나오토' 전임 총리의 특별명령을 뒤집고 총리에 당선되자마자 후쿠시마 원전 재가동을 명령한 것은 '아베'가 얼마나 '핵무장'에 집착하는가를 여실히 입증하는 명백한 증거다.

또한 저자와 조선일보 지상을 통해 '아베'의 '일본 핵무장' 공방을 벌였던 '아베'의 오른팔 '고마쓰' 공사의 비정상적인 일본 핵 원전 홍보 사실을 미뤄 봤을 때 일본 핵무장과 '플루토늄' 대량 비축은 예상한 대로 일본 군국 핵심 세력인 '아베'와 '고마쓰' 같은 군국주의자들의 소행이라고 확신한다.

이천 년 전 고대 역사학자 '투기 디데스'는 "역사는 반복된다(History repeats itself)."는 의미심장한 경구를 남겼다. 회고컨대 불행한 역사일수록 반복되는 경우가 많았다.

일본은 역사에서 '겸허'함을 배우기 바란다. 특히 일본 최고지도자들은 '아베'의 전철을 밟는 것이 얼마나 지도자로서 무모한 일이고 한 인간으로서 불행한 사실을 깨닫고 절감하길 바란다.

'후쿠시마' 핵 원전 방사는 폐오염수를 인류의 젖줄인 해양에 방류하는 일이 얼마나 반인류적이고 국제정의에 반하는 일인가를 깨닫는 누군가가 일본의 훌륭한 최고지도자가 나와서 즉각적으로 이 죽음과 파괴의 행진을 멈추고 인류를 절망에서 구해 주길 진심으로 소망한다.

(2)
'아베'의 오른팔 고마쓰 외교관의 간계를 초반에 강력 응징!

처음부터 느낌이 좋지 않았다. '고마쓰 이치로' 주한 일본 대사관 공보문화원장, 그의 외교관 직급은 주재국 대사관의 '공사'급이다. 직무상 한일 간 문화적 관련 현안(영화, 미술, 연극, 음악 공연 관련 교류 등) 범위를 훨씬 벗어난 그의 행보는 변칙적이었다.

때마침 1995년 7월 15일자 《조선일보》 기고문 형식으로 실린 「일본 정부 NPT 의무 준수」라는 그의 글은 충격이었다.

직무를 벗어난 일본 공사, 알고 보니 아베의 오른팔

대사관 문화관계 책임자가 엉뚱하게도 일본 정부의 핵확산금지조약(NPT) 의무를 준수하고 있다는 글을 올렸기 때문이다. 그 당시 전 세계의 이목이 한반도에 쏠려 있던 매우 민감한 시기였다.

1994년 북한이 IAEA 핵사찰 관련 NPT를 전격 탈퇴했다.

미국을 비롯한 UN, IAEA 등 특히 일본은 북한의 핵무기 개발을 위한 플루토늄 수 kg 보유에 집중되었다. 이런 때 북한의 NPT 탈퇴는 불난 데 기름 붓는 격으로 북미 간 갈등은 최고조에 달했고 결국 미 클린턴 행정부에서는 북한 핵실험 의심구역인 영변 지역을 공중 폭격한다는 이른바 '한반도 공중 폭격설'이 터져 나왔다.

전 세계 이목은 한반도 북미 간 대결과 남북한 충돌 우려로 확대되었고 세계 언론이 한반도를 집중 주목하던 시기였다. 심지어 한반도 유사시에 대비해 CNN, BBC 등 미·영 언론이 서울에 체류하기도 하던 시기였다.

저자는 당시 민간인이었지만 이러한 국가적, 민족적 위기에 그냥 앉아 있을 수만은 없었다. 그래서 IAEA로 날아가 사무총장에게 북한 핵을 자극하는 일본의 대규모 '플루토늄' 수입 등 핵무장 움직임에 강력히 항의했다.

미 클린턴 대통령에게 긴급서한을 보내 한반도 폭격 불가론을 강력히 진언했다. 《한겨레신문》 등 언론에 이러한 나의 민족적 위기 대응 방법을 열심히 전파했다.

한반도 위기를 조장한 일본 군국주의 세력들

이러한 시기에 서울에 주재하는 일본 대사관 고위 외교관이 「일본 NPT 의무 준수」라는 글을 한국 유력 일간지에 기고하는 일본의 속셈은 과연 무엇이었을까? 30년이 흐른 지금 이 글을 쓰는 시점에서도 역시 일본은 '한반도 분열'을 획책하고 '북미 간 대결'을 유도하여 유사시 한반도에 자위대를 파병하려는 기망 전술이 명백했다.

고마쓰 이치로 공사는 누구인가?

'고마쓰 이치로', 그가 누구인가? 그는 일본 아베 총리를 비롯한 일본 군국 핵심 집단의 오더를 받은 핵심 군국주의 에이전트였다.

그는 훗날 유럽의 1급 공관장인 프랑스 대사로 자리를 옮겼다. 대한민국에서 젊은 시기 대사관 공사로 "일본은 핵무장과는 결코 관련 없는 순수에너지 수급 정책 관리상 50톤 이상의 대량 플루토늄을 수입하고 있다."는 일본 군국 핵심 세력의 나팔수 역할을 하던 그가 일약 1급지 프랑스 대사에서 아베 총리가 직접 지명해 일약 내각의 '법제장관'으로 수직 영전한 군국주의 행동대 책임자다.

그가 법제장관에 앉자마자 일평생 일본 평화헌법 제9조 개헌이 필생의 사명이라고 공개적으로 외쳐 온 아베 총리의 오더를 받아서 '집단적 자위권'을 밀어붙여 성사시킨 일본 군국주의 파쇼 집단의 1등 공신이다.

다음 글은 아베 총리 오른팔 '고마쓰 이치로' 당시 주한 일본 공사를 강력 응징했던 저자와의 신문지상 맞장 토론 내용이다.
(1995년 7월~9월 《조선일보》 게재)

저자, 일본 외교관의 핵문제 거짓 주장을 통렬히 공박하다

1995년 7월 15일자 〈조선일보를 읽고〉 난에 실린 주한 일본대사
관 고마쓰 이치로 씨의 「일본은 NPT 의무 준수」라는 주장에 강력
한 이의를 제기한다.

그는 일본 정부의 핵과 원자력 정책을 설명하면서 일본의
플루토늄 비축과 고속증식로 '몬주'의 가동은 순수에너지
공급 차원임을 강조했다. 그러나 지금 국제 사회는 일본의
지나친 플루토늄 과잉 축적에 경계와 강한 우려를 표명하고
있다.

일본의 무모한 '플루토늄' 양산은 핵개발의 증거

특히 에너지 확보차원에서 비경제성이 판명되어 미·영·프 등
핵강국들이 플루토늄의 재처리 계획을 스스로 중단한 반면
에 최근 일본의 무모한 '몬주' 가동의 이유는 플루토늄 양산

체제를 극대화한 핵무기 개발 외에는 효용가치가 없다고 많은 핵 전문가들이 지적하고 있다.

일본, 플루토늄 70kg 빼돌린 것 IAEA와 일본은 자백하라

1992년 미 의회 청문회에서 핵통제연구소 폴 레벤탈 소장은 '일본은 향후 20년간 1백 톤의 핵무기 제조급의 플루토늄을 보유할 예정이며, 이 규모는 미국이 보유한 핵무기를 제조할 수 있는 분량'임을 강조하고, 일본의 핵무장 가능성에 대해 경고했다. 미 국방부 의뢰로 일본의 플루토늄 과잉 축적을 분석한 미국의 '랜드'연구소는 1993년 11월 보고서를 통해 일본의 핵무장 가능성을 구체적으로 입증, 제시했다. 또한 1994년 5월 일본 '도카이무라' 핵연료 공장에서 일본이 빼돌린 플루토늄 70kg 은닉 사건은 IAEA(국제원자력기구)와 일본 정부에 대한 불신과 의혹을 불러일으킨 중대한 사건이다.

일본의 과거 역사 살균 처리는 전 인류에 대한 도전 행위

이외에도 일본이 플루토늄과 관련된 핵무장 움직임의 증거는 많다. 이를테면 1993년에 일본 정부가 캐나다로부터 수

입을 시도한 수소폭탄원료 트리튬도 순수에너지용인지 묻고
싶다.

일본이 과거 역사를 살균 처리한 채 대규모 군비 증강과 핵
무장을 서두르고 있다는 의혹은 아직 유효하다.

1995년 9월 18일(월)《조선일보》
대한민국 박경철

일본 플루토늄 이용은 핵연료 계획에 근거함
(고마쓰 이치로 주한 일본 외교관의 반박문)

박경철 의장의 반론에 재반론을 한다.
(15일자 〈조선일보를 읽고〉난에 실린 본인의 투고에 대한 반
론으로 지난 18일 독자의견란에 실린 박경철 대일역사왜곡
시정촉구범국민회의 의장의 '일본 핵무장 시도 확실한 증거
많다.'는 의견 반론 관련)

박경철 의장의 플루토늄 전용은 오해, 일본은 에너지 차원 이용일 뿐

먼저 박 의장의 '플루토늄 이용방식의 비경제성' 주장에 대

해 설명한다. 일본은 '쓰고 버리는' 방식으로는 앞으로 70여 년밖에 가지 않을 한정된 우라늄 자원을 효율적으로 활용하고, 에너지의 장기 안정 공급을 확보키 위해 핵연료 재활용 계획을 추진하고 있다. 경수로를 통한 플루토늄 재활용의 경제성에 관한 OECD/NEA의 보고서는 쓰고 버리는 방식과 본질적인 차이가 없다고 평가하고 있다.

즉 일본이 경제성을 외면한 채 플루토늄 이용을 추진하고 있는 것이 아니다.

이와 관련하여 박 의장은 미·영·프 등 핵강국들이 플루토늄의 재처리 계획을 스스로 중단했다고 지적했으나 영·프는 민생용 재처리 계획을 현재도 추진하고 있을 뿐 아니라 이미 30년간에 걸친 실적을 보유하고 있다.

70kg 플루토늄은 일본 은닉이 아니고 기기 내부 붙어 있는 것

박 의장은 또 '일본 도카이무라 핵연료 공장에서 일본이 빼돌린 플루토늄 70kg 은닉 사건'이라고 언급했으나, 이 70kg의 플루토늄은 글로브박스의 내벽이나 기기 내부에 붙어 있는 것으로, 당초부터 이와 같은 부착상태에 있었다고 IAEA에 신고, 완전한 보장 조치 아래 있어 온 것이다. 즉 '은닉'이 아니다.

그리고 일본 정부가 캐나다로부터 수입을 시도한 수소폭탄 원료 '트리튬'이라는 지적이 있었으나 트리튬은 일본 원자력 연구소에서 핵융합로용 연료의 안전공한 연구 개발에만 사용하고 있다.

일본은 잉여 플루토늄 보유하지 않는다

끝으로 다시 강조하고 싶은 것은 일본의 핵연료 계획에 의거한 플루토늄 수급은 균형이 잡혀 있으며, 잉여 플루토늄은 보유하지 않는다는 원칙에 입각해 있다는 사실이다. 지난번에도 설명했듯이 이 수급전망은 공표하고 있다.

1995년 7월 27일(수) 《조선일보》
고마쓰 이치로/주한 일본대사관 공보문화원장

일본의 핵 집착 태도는 국제사회의 응징 부를 것
(저자의 일본 외교관의 재반론에 대한 반박문)

일본 외교관 '고마쓰 이치로' 씨의 재반론에 답변한다.
9월 27일자 독자의견란에 주한 일본 대사관 고마쓰 이치로 공보문화원장의 본인 투고에 대한 재반론이 실렸다.

고마쓰 원장은 재반론을 통해 플루토늄 재활용에 대한 OECD의 보고서를 인용해 일본의 에너지 확보 차원에서 경제적인 면을 재차 강조했다. 그러나 국제 사회는 일본이 주장하는 원자력의 평화적 이용 정책에 전혀 신뢰감을 갖고 있지 않다.

일본, 프랑스로부터 위험한 해상 플루토늄 도입은 국제법 위반

그 이유는 첫째, 무모하리만큼 핵연료 확보에 집착하는 비상식적 행위이다. 예를 들어 1993년 1월 프랑스로부터 플루토늄 1톤을 수입할 당시 해상 수송 과정에서의 폭발, 유출, 해상오염 등 환경적 재앙을 우려하는 수많은 아·태 국가들의 강력한 반대를 외면한 채 강행할 만큼 플루토늄 도입이 일본의 에너지 수급상 절박했는가?

둘째, 일본이 프랑스로부터 사들인 플루토늄 1톤의 가격은 일본 돈으로 13억 엔이다. 그러나 이를 운반한 아카쓰기호 선박에 지불한 수송료는 플루토늄 가격의 무려 20배가 넘는 2백78억 엔이었다. 아무리 생각해도 경제적 논리와는 동떨어져 있다.

일본의 플루토늄 대량 도입은 핵탄두 17,000개 분량

셋째, 세계 최대의 대규모 핵 재처리 시설의 건설이다. 거듭
주장하지만 일본은 향후 2010년까지 1백 톤의 대규모 플루
토늄을 생산, 도입할 계획이며, 이 규모는 히로시마에 투하
된 원자탄 2백 개와 핵탄두 1만 7천 개를 생산할 수 있는 엄
청난 양이다.

그 근거로 핵 전문가들은 올해 8월 가동한 후쿠이현의 고속
증식 핵원형로 몬주(文珠) 외에도 아오모리현 로카쇼에 건
설 중인 제2의 핵 재처리 시설 등 대규모의 여러 핵관련 시
설에 대해 일본 핵무장 의혹과 관련, 전면 중단과 축소를 오
래 전부터 강력히 요구하고 있다.

이와 관련하여 1994년 1월 30일자 영국의 선데이타임스는
「영국 정부 비밀보고서」를 인용해 "일본은 핵무기를 만드는
데 필요한 모든 부품을 확보했으며, 어쩌면 1개의 핵폭탄을
이미 생산했을 수도 있다."고 보도했다.
이 사실을 뒷받침이라도 하듯이 1994년 6월, 당시 하타 총

리는 국회연설에서 "일본은 핵무기 개발 능력을 갖고 있다." 고 발언했다. 1994년 2월 미 정부 각료로서는 최초로 윌리엄 페리 국방장관이 일본의 핵무장 가능성을 경고했으며, 심지어 북한 핵 전문가인 갈루치 미 핵 대사마저 일본 핵에 심각한 우려를 표명한 바 있다.

미국의 일본 견제는 금도를 벗어난 무제한 핵개발 때문

특히 금년 4월 미 행정부의 일본에 대한 고속증식로 설계 및 재처리기술 등 '핵연료 재이용'의 기술 중단 발표는 국제 사회에 떠오르는 일본 핵무장 의혹에 대한 대응이 아니가 생각한다.

종군위안부 범죄 행위를 시인하는 데 꼬박 반세기가 걸린 사실에 우리 한국인들은 이웃 일본에 대해 깊이 실망하고 있다. 거듭 강조하지만 지금 일본은 핵무기가 필요한 것이 아니고 국제 사회의 신뢰 회복이 절실한 때다.

일본은 말할 자격 없다

최근 프랑스의 핵실험에 항의한 일본에 대해 프랑스의 노벨
문학상 수상작가인 클로드 시몽이 "일본은 말할 자격이 없
다."고 했었다.

1995년 10월 4일(수)《조선일보》

대한민국 박경철

(3)
미치가미 외교관,
비판이 두려우면 솔직하라

주한 일본 대사관 미치가미 히사시 1등 서기관 귀하

1999년 9월 6일자 《한겨레신문》에 귀하의 「일본을 알고 비판하라」는 글에 대한 반론을 제기하고자 한다.
귀하는 외교관의 신분으로 신중치 못하게도 주재국인 한국의 여론을 일방적인 반일 정서로 매도한 사실에 깊은 우려와 유감을 표한다.

특히 귀하는 외교관으로서 주재국의 대통령 발언을 귀국 일본의 입장을 정당화하기 위한 수단으로 교묘히 비유하여 한국민 모두가 일본에 대해 깊이 알지 못한 채 사악한 존재로 매도하는 상황에서 마치 김대중 대통령 홀로 한국민을 향해 일본의 평화헌법, 비핵 3원칙, 개발도상국 원조 등 일본의 국제적 공헌을 왜 모르느냐고 답답해하는 것처럼 작위적으로 묘사한 것은 한국민과 김대중 대통령에 대한 기만행위이고 모독으로써(서) 주재국 외교관의 경거망동을 엄중히 경고하는 바이다.

귀하도 잘 알다시피 거짓말도 백 번 하면 진실로 굳어진다는 일본 속담이 있다. 일본이 제아무리 경제대국임을 과시하고 개발도상국에 '엔'화를 쏟아부어도 기본적으로 신뢰를 잃어버리고 진실을 외면하는 한 귀국 일본은 국제 사회에서 지도적 국가로서 존경받는 기회가 영영 오지 않을 것이다.

나는 귀국 일본의 역사 왜곡 행태와 우경화, 군국화 움직임을 오랫동안 면밀히 관찰해 온 전문가의 입장에서 1994년 열렸던 유엔총회를 분명히 기억하고 있다.
귀국이 그렇게 염원했던 유엔안전보장이사회 상임이사국 진출을 위한 투표에서 귀국은 170여 개 국의 회원 국가 중 겨우 17개국만의 지지를 얻었을 뿐이었다.

일본의 UN 상임이사국 진출 겨우 17개국 득표, 사악한 일본의 맨얼굴

특히 귀국이 평소에 그토록 공을 들인 동남아국가연합(ASEAN) 국가들 중 어느 하나의 국가도 귀국 일본을 지지한 나라가 없었던 뼈아픈 사실을 어떻게 설명할 것인가?

귀하는 아세안 국가 국민 전체가 귀국 일본을 사악한 일본으로 매도했기 때문이라고 강변할 것인지 반문하고 싶다.

귀하는 또한 역대 일본 총리들의 상투적인 과거사 반성의 언급을 예로 들며 "일본은 과거를 전혀 반성하지 않는다."는 비판은 잘못된 것이라고 낯 뜨거운 거짓말을 늘어났다. 귀국의 총리대신이나 각료들이 한국을 겨냥한 허튼 망언들이 몇백 번이었는지 헤아릴 수도 없지만 1995년 당시 귀국의 무라야마 총리는 "한·일합방조약은 적법하게 체결되었다."고 의도된 망언을 터트렸고 파문이 확산되니까 외교적인 유감 표명으로 얼버무린 채 대담하게도 발언, 그 자체는 끝까지 취소하지 않았다.

한국인 종군위안부 강제 연행 문제도 사실 자체를 아예 딱 잡아떼던 일본 정부는 반세기가 지난 50년 만에야 내키지 않는 시인을 함으로써 귀국의 거짓된 역사 왜곡과 거듭된 역사 은폐는 국제 사회의 지탄을 받았고 지금은 유엔인권위원회의 '맥두걸' 조사위원회를 통해 솔직한 진상자백과 배상을 요구받고 있지 않은가?

일본, 700만 명 한국인 학살, 강제 연행 침묵, 히사시 서기관 진상

을 밝혀라

히사시 서기관, 귀하에게 꼭 한 가지 전해 줄 사실이 있다.

1994년 3월 14일 일본 도쿄지방재판소에서 한국의 강제 연행과 손해배상소송 재판이 진행 중일 당시, 귀국의 호소가와 총리대신이 과거 일본의 한국 지배는 불법적 침략 행위라고 사죄한 사실을 놓고 원고와 피고 측이 대립할 당시 귀국 일본 정부의 소송 대리인 와타나베 검사는 필자를 비롯한 한국인들에게 기세등등하게 외쳤다.

"호소가와 총리의 사죄 발언은 정치적 발언이므로 법률적 구속력은 없다."고 주장했다.

한쪽에서는 사죄하고 다른 한편에서는 뒤통수를 치는 나라 일본, 정치적인 발언과 법률적인 발언이 각각 혼재되어 편의에 따라 회자되는 귀국의 퍼즐게임과도 같은 역사관을 국제 사회가 이해하기 어려운 것은 너무나 당연한 일이지 않겠는가?

지금 귀하는 한국과 국제 사회가 일본 사회를 너무 모른다고 불평할 때가 아니라 하루속히 진실성을 찾아야 한다고 생각한다.

나는 13년 전인 1986년 7월 26일에 귀하의 선임자인 주한 일본 대사관 '요시히사 아라' 정무 담당공사와 '시데이쯔 다미

쯔지' 1등 서기관을 찾아가 당시 커다란 역사 왜곡 파동이었던 후지오 망언에 대해 강력히 항의하고 오랫동안 토론을 벌인 적이 있었다. 귀하의 선임자였던 두 명의 외교관은 정중히 그리고 진심으로 사과한다고 했었다.

그러나 13년 후에 한국에 온 외교관 히사시 씨는 너무도 당당한 항변으로 일관하고 있다. 귀하의 당당함이 한국인들에게 만용으로 비쳐지지 않기를 바란다.

히사시 외교관, 귀하의 만용이 선을 넘었다

나는 1995년 9월에 프랑스의 핵실험으로 야기된 귀 국 일본과 프랑스의 노벨문학상 수상자인 '오에 겐자브로' 씨와 '클로드 시몽' 씨의 지상논쟁을 흥미롭게 지켜본 적이 있다.

프랑스의 핵실험은 세계의 환경을 침략했다는 귀국 오에 씨의 비판에 프랑스의 시몽 씨는 뼈아프게도 아우슈비츠 수용소에서 무릎을 꿇고 유태인들에게 사죄한 빌리브란트 전 서독 총리를 비교하며 일본의 가식적이고 진실하지 못한 사과를 통렬히 비판하고 "일본은 말할 자격이 없다."고 잘라 말했었다.

일본, 비판이 두려우면 진실하라

그리고 4년 후 귀국 일본 정부는 그토록 핵실험 사실을 비난했던 프랑스에서 고성능 핵무기를 제조할 수 있는 플루토늄 0.5톤을 수입했고 이번에는 거꾸로 귀국 일본이 국제 사회의 비난의 표적이 되고 있지만 일본은 꿀 먹은 벙어리처럼 입을 다물고 '우경화', '군국화'의 길로 오직 매진하고 있음을 우리는 잘 알고 있다.

나는 마지막으로 귀하에게 많은 의미가 포함된 충고를 집약해서 꼭 전하고 싶다.

"일본, 비판이 두려우면 겸손하고 진실하라."

1999년 9월 10일
대한민국 박경철 의장

(4)
일본 최고재판소,
이성과 양심에 눈떠라

1940년대 미국의 유명한 법철학자 예일대 '프레드 로델(Fred Rodell)' 교수는 『저주받으리라, 너희 법률가들이여!』라는 책 첫 문장에서

"과거 부족시대는 주술사가 있었고 중세에는 성직자가 있었다. 오늘날에는 법률가가 있다. 어느 시대에나 기술적 수법에 뻔뻔하고 그럴듯한 말장난을 첨가해 인간 사회의 우두머리로 군림하던 영특한 무리들이 있었다."며 법조계를 신랄히 비난하고 두 얼굴의 가학, 피학의 부도덕성을 강력하게 비판했다.

저자는 지금으로부터 27년 전인 1997년 8월 29일에 일본 '최고재판소'의 비양심적 합헌 판결을 비판하고 질타하는 특별성명을 발표한 적이 있었다. 놀랍게도 뉴스 포털에 27년 전의 성명서 보도기사가 고스란히 보관되어 있었다.

저자, 일본 최고재판소의 역사 왜곡 합헌 강력히 비판

박경철 대일역사왜곡시정촉구범국민회의 의장은 지난 29일 '일본 최고재판소'의 역사교과서 검정제도에 대한 판결과 관련, 성명을 내고 "일본 최고재판소가 일본 정부의 역사교과서 검열제도의 합법성을 인정한 데 대해 심각한 우려를 표한다."고 밝혔다.

이 단체는 또 "일본 최고재판소가 일본 정부의 역사교과서 검열제도 자체를 합헌 결정을 내린 것은 앞으로도 일본 정부의 역사왜곡과 망언을 묵인하겠다는 태도"라고 강력히 비난했다.

박경철 의장은 일본 정부를 직접 겨냥해 "일본 정부는 망언과 역사 왜곡을 제조생산하는 일본 군국주의 극우 관료들의 계획적인 교과서 검정행위를 중단시키라고 촉구했다."

《연합뉴스》, 1997.9.1., 17:02

양심을 저버린 최고재판소 판결 이성을 회복하길

저자는 27년 전인 1997년 일본 정부의 그 고질적인 '교과서 역사 왜곡'과 '망언' 시리즈의 폐해를 바로잡고 객관적인 시각에 국가 역사를 균형 있게 다잡을 것을 기대했지만 일본 최고재판소의 판결은 사뭇 충격이었다. 그렇다면 '역사 왜곡' 여부를 검열하는 일본 정부의 검열제도가 정당하다면 결국 일본의 역사왜곡에 면죄부를 주는 최종 기관이 법치주의 국가 일본의 '법률과 양심'의 최후 보루인 최고재판소라는 결론이다.

일본 정부와 '군국주의' 극우노선과 궤를 같이하고 있는 최고재판소가 시대의 등불을 밝히는 정의로운 법원으로서 사명을 스스로 저버렸다는 생각이다.

해마다 반복되는 일본 각료들의 '야스쿠니' 신사 참배에서도 일본 최고재판소는 합헌과 반대의 사이에서 분명한 의사를 표명하지 않는 이해할 수 없는 애매모호한 태도를 취했다.

일본 국가를 어린이들이 부르는 행위 역시 군국주의 잔재임에도 일본 최고재판소는 이미 합헌 결정을 내린 바 있다.

일본은 이성과 양심이 없는 국가인가? 최고재판소가 27년 전과 다름없이 부끄러움을 느끼지 못하고 같은 일을 반복한다면 저자는 최고재판소가 자기만의 단독 리그전을 펼치는 폐쇄적 공간에 스스로를 가두고 있다고 볼 수밖에 없는 국가적 비극이 아닐 수 없다고 생각한다.

(5)
부트로스 갈리 유엔 사무총장에게
저자의 항의 서한 발송
"귀하는 일본 응원단장입니까?"

존경하는 '부트로스 갈리' 유엔 사무총장님,

저희 국민회의는 세계가족의 한 구성원으로서 귀하의 세계 평화와 안정을 위한 노력과 업적에 대해 심심한 사의를 표하는 바입니다.

냉전 종식 이후 국제 관계는 새롭게 재편되고 있으며 UN과 귀하의 역할은 인류의 미래를 위해 더욱 막중해지고 있는 것이 사실입니다.

이러한 때에 최근 일본에서 보여 준 귀하의 언행에 대해 저희는 심각한 우려를 표명하지 않을 수 없습니다. 최근 2년 동안 귀하는 수차례 일본을 방문해서 일본의 국제적 역할을 강조하고 UN 안전보장위 상임이사국이 되어야 함을 주장해 왔습니다. 귀하는 1993년 2월에 일본은 '평화헌법'을 고쳐서

라도 UN의 평화 유지 활동에 참여할 것을 강력히 요구했습니다.

1994년 9월에는 무라야마 일본 총리를 비롯한 가이후, 호소가와, 하타 등 전직 총리들을 연쇄적으로 접촉해 일본의 UN 상임이사국 진출을 위한 보다 강력한 활동을 전개해 줄 것을 집요하게 요청한 바 있습니다.

귀하의 일본에 대한 UN과 국제 사회에서의 역할 강화 요청은 저희로서도 국제적 관점에서 이해를 하려고 노력하고 있습니다. 그렇지만 2차 대전 중에 일본의 침략을 경험한 많은 아시아 국가들은 귀하의 지나친 친일 언행에 대해 우려와 염려를 표출하고 있습니다. 많은 신문과 잡지들은 귀하를 '일본의 응원단장'으로 묘사하고 있는 실정입니다.

근년에 이르러 일본은 몇몇 분쟁 중인 국가에 무장 군인을 파병해 놓고 있습니다. 다량의 '플루토늄'을 수입하면서 일본은 공공연하게 핵무장을 추진하고 있습니다. 일본의 군사대국화 움직임은 주변국의 아시아인들에게 심각한 좌절감과 두려움을 안겨 주고 있습니다. 귀하가 보여 준 최근의 친일 행적은 아시아인들의 염려와 두려움을 훨씬 가중시키고 있음을 유념해 주시기 바랍니다.

특히 국제 사회에서의 보다 더 강력한 일본의 군사적 역할을 강조하는 UN 사무총장으로서의 귀하의 역할은 동북아시아 국가들 간에 군비 경쟁을 유발시킬 것입니다.

존경하는 UN 사무총장,
일본은 국제적인 신뢰의 확고한 기반 위에서만 UN 상임이사국이 될 수 있다고 저희는 생각합니다. 귀하께서도 판단하듯이, 국제적인 신뢰는 침략 범죄를 자행한 일본인들이 모든 피해 국가들에게 진실을 밝히고 정중한 사죄가 이뤄질 때만이 생겨날 것입니다. 일본은 종군위안부와 강제 노역에 끌려가서 억울하게 희생당한 수백만 명에 달하는 전쟁 희생자들에게 마땅히 충분한 배상을 해야만 합니다. 하지만 일본은 2차 대전이 종료된 이후 지난 49년 동안 결코 진실을 밝히거나 사죄한 적이 없습니다.

1994년 10월 12일에 폐막된 유엔총회에서 단 17개 회원국들만이 일본의 UN 상임이사국 진출을 찬성하는 것으로 밝혀졌습니다. ASEAN 국가들(동남아시아 국가연합) 중 어느 한 나라도 일본을 찬성하지 않는다는 사실은 일본에 대한 불신이 얼마나 깊고 심각한 것인지를 역설적으로 보여 주고 있습니다.

최근 들어 일본 정부의 각료, 대신들이 계속하여 2차 대전에 대한 범죄적 사실을 부인하는 망언 사태는 그들의 '신군국주의' 야욕을 여실히 드러낸 것입니다.

존경하는 사무총장,
일본을 제외한 모든 아시아인들은 일본의 UN 상임이사국 진출에 명백히 반대하고 있음을 분명히 밝혀 드리며 귀하께서 특정한 한 국가를 위해 편향적 입장을 취하지 말고 이 시대를 살아가는 모든 인류를 위한 평화적 목표를 추구해 나가시기를 정중히 요청드리는 바입니다.

귀하와 UN을 위해 기도드리며 이만 줄입니다.

1994.11.11.
대한민국 박경철

11th November 1994

Honorable Secretary General,

As a member of world family, our association would like to express great thanks for your continuous efforts and achievements in maintenance of international peace and security.

Since the collapse of the communist world, the international relationship between countries is now being restructured and the role of UN and yourself is becoming more and more important for the future of all mankind.

In this sence, we would like to express not only thanks but worry about your recent speeches and activities in Japan. We know you visitied Japan several times during last two years and insisted that Japan should Permanent Member of Security Council.

In February of 1993, you urged Japan to participate in the activities of PKO even after the amendment of Japanese constitution.

In September of 1994, you met such former and present Prime Ministers of Japan as Murayama, Gaihu, Hosokawa and Hata. It was reported that you strongly requested them to take powerful actions in making Japan the Permanent

Member of Security Council.

Studying your continuous efforts toward Japan's more active role in UN and international society, we try to understand the necessity of Japan's role in many aspects of international organization.

However, many Asian Countries which suffered from Japan's aggressions during World War II are now curiously expressing their growing fear and worry about your Pro-Japan aspects and activities. Many newspapers and journals are now writting you as the cheer leader of Japan.

In recent years, Japan is dispatching armed forces to several foreign countries in dispute. Importing huge amount of plutonium, Japan is now openly moving toward nuclear power.

Japan's movement toward military power is creating serious disappointment and fear among Asian people in neighbor countries. It is fact that your recent activities are now much enhancing the worry and fear of Asians.

Your activities as the Secretary General of UN toward Japan's more strong military role in world society will create armament pace between countries in especially North-East Asia.

Dear Secretary General,

We believe Japan may become a Permanent Member of the Security Council only on the concrete basis of international credibility. International credibility will be restored, as you may judge, only when the Japanese lay bare the truth and make sincere apology to all countries which suffered from its aggressions. Japan should pay raparations to all people who were sacrificed as members of so-called comforter and labor forces. Enough raparations should be paid to millions of war victims.

Unfortunately, Japan has never told the truth nor apologized their brutalities during last 49 years after World War II.

During the general assembly of UN which ended on October 12, 1994, only seventeen member countries were found to be in favor to Japan-Permanent Member plan. The fact that even one of the Asean Countries was not in favor demonstrates how the distrust toward Japan is profound and serious.

Recently Ministers of Japanese Government are continuously denying their crime of World War II demonstrating their hidden desire to become a Neo-Militarist.

Dear Secretary General,

We would like to tell you clearly that all Asians except the Japanese are against Japan-Permanent Member Plan and courteously request you to persue personal goals not for one special country but for all mankind living this era.

Remembering you and your UN in our daily prayers, we remain.

Kyung Chul Park
Republic of Korea

VI.
사악한 일본,
평화의 가면무도회는 끝났다

"대한민국 박경철 선생님, 우리 IAEA(일본 등 일부 국가의…)는 선을 넘은 대량의 '플루토늄(핵무기 제조물질)' 과다 비축에 심각한 우려와 두려움을 느끼고 있습니다."

- 저자에게 보낸 IAEA '데이비드 키드' 대변인의 긴급서한
(오스트리아 빈 IAEA 발송, 1994.6.16.)

(1) 한반도 불법 식민 지배, 국제 사회가 일본 응징해야!

(2) "일본 자위대가 한반도 난민 10만 명 사살해야"

(3) 일본, 다시 한반도를 노린다

(4) '도널드 트럼프' 미 대통령에게 저자가 보내는 특별 공개서한

(1)
한반도 불법 식민 지배,
국제 사회가 일본 응징해야!
을사조약 무효, 유엔결의안 통과 '1963' 세계사 대변혁!

저자는 2023년 10월, 어느 민족단체 행사장에 참석해 연설을 하고 있었다.

"우리 민족은 불과 100여 년 전 일본에 나라를 빼앗겨 만주, 연해주 등 전 세계에 뿔뿔이 흩어진 디아스포라(Diaspora) 백성이었습니다. 우리 민족은 목매인 양처럼 세계를 방황했던 참담한 아픔과 인고의 세월이 있었습니다.

그런데 여러분!

우리 민족에게 대반전이 왔습니다. UN 국제법위원회가 '을사조약'이 총칼로 협박에 의한 협정으로 불법이고 조약에 동의하는 증거가 없기 때문에 조약 자체가 '원인 무효!'라고 1963년 UN 총회에서 의결되었습니다."

순간 장내 분위기는 갑자기 찬물을 끼얹은 듯 조용해졌다. 참석한 100여 명의 청중들은 크게 놀라며 충격을 받은 모습이었다.

"그런데 여러분, 우리는 이 비극적 을사조약이 무효라는 UN 의 결의 역사적 사실을 까마득히 모르고 있습니다. 교과서 어디에도 이런 내용은 없습니다."

울분에 찬 저자의 연설에 청중석 곳곳에서 탄식과 한숨소리가 터져 나왔다. 저자는 분명한 어조로 청중들에게 말했다.

"이 유엔 결의를 우리에게 중대한 민족적 전환점으로 승화시키는 지혜를 보아야 할 때입니다. 따라서 저는 을사조약 무효 UN의결에 따른 일본의 한반도 불법적 지배와 35년간 정치적, 법률적, 국제적 책임 문제를 종합적으로 연구 대처하는 범국민회의 결성에 착수했습니다."

을사늑약 무효 UN 의결은 한민족 반전의 행운

우리 민족의 수난과 고난은 전 세계적으로 익히 알려진 바와 같이 일제의 식민 지배 때 행해진 수탈, 집단 학살, 강제 연행 등과 분단, 동족 간의 한국전쟁, 디아스포라와도 같은 인고의 고통과 한숨, 원한, 피와 눈물로 점철된 세계 역사 속에서도 그 유래를 찾기 어려운 뼈아픈 세월이고 역사였다.

그런 우리 민족을 향해 뜻밖에도 행운의 여신과 함께 영광과 기뿜의 역사적 순간들이 찾아왔다. 1963년 유엔 국제법위원회(ILC)는 1905년 조선에서 일본이 강제로 체결했던 을사늑약('늑약'이란 강압적으로 맺은 조약을 뜻함)은 불법이고 무효라는 보고서 결의안이 통과되었다.

곧 이어서 1963년 11월 18일 유엔총회에서 조선의 '을사늑약 무효' 결의안(Resolution)이 만장일치로 통과되는 역사적 쾌거를 맞았다.

저자가 알기로는 1963년 유엔총회 을사늑약 무효결의안이 통과된 사실을 당시 대한민국 정부는 몰랐을 것이라는 전문가들의 견해다.

가슴 아픈 일이지만 2년 후인 1965년 '한일기본협정'에 한국정부 대표단이 을사늑약 무효라는 유엔결의안 통과를 무기로 협상에 임했다면 우리 정부는 일본 정부에 상상할 수 없는 '한반도 불법 침략'에 대한 책임을 물을 수 있었을 것이다.

다만 1965년 한일기본협정에서 '약방의 감초'나 '전가의 보도'처럼 거론되었던 유명한 조항이 있음을 주목할 필요가 있다. 1965년 한일협정에서 한국과 일본 정부는 '을사조약, 한일합방 등이 현재는 무효이나 당시는 유효한 조약이었다.' 또 '당시 한국인은 일본 국민이었으므로 군인·군속 등 징용 자체는 합법적 절차에 따른 것.'이라고 주장해 왔다.

한민족 명예 회복과 통일의 결정적 기회로 삼아야

그러나 유엔이 이미 60년 전인 1963년에 일본의 주장이 '원인 무효'임을 밝힌 사실이 새로 부각된 것은 우리에게는 전 세계에 한민족의 명예를 확실히 회복할 수 있는 방안도 찾을 수 있게 되었다. 결국 일본은 계속 꼼수를 부리고 순간을 모면하는 위선과 기망으로 스스로 묘혈을 파게 될 것이다.

어떻든 이 사실을 많은 우리 일반 국민들도 모르고 있었지만 이제부터 정부는 일본의 을사늑약 무효 판결의 유엔결의안의 의미와 배경에 대해 국민들께 지혜를 구해야 한다. 또한 집중적으로 연구하면 앞으로 독도 영유권 문제, 과거사 배상, 역사 왜곡 문제 등 대일정책에 커다란 변화와 함께 대한민국뿐 아니라 한민족 전체의 위상과 정당성은 더욱 강화될 것이다.

따라서, 저자는 민족단체와 을사조약 무효 UN 의결 범국민회의를 결성하는 준비 작업에 착수했다.

〈대일침략청산촉구한민족회〉는 민족운동 단체 33개가 연합해 1991년 서울에서 결성된 우리의 최대 민족운동단체다. 저자는 30대의 최연소 민족단체 공동대표가 되는 영광을 얻었다. 주로 항일 독립운동가, 대학교수, 변호사, 전 국회의원 등이 참여했는데 특히 광복회장, 한국독립유공자협회장, 순국선열유족회장 등 일평생을 조국 광복과 독립운동에 바친 어른들이었다. 상임공동 대표인 지익표 변호사 등은 1992년 8월 29일 일본 정부를 상대로 '대일민족소송'을 제기했다.

을사늑약 무효 UN 의결은 일제에 끝까지 저항한 선열들의 항쟁 덕분

그 당시 우리 한민족회 대표단이 소송원고 당사자로 참여했는데 그 당시 일본 정부에 한반도 불법적 지배는 원천무효라는 강력한 무기인 1905년의 을사보호조약, 1907년 정미7조약, 1910년 한일합방조약이 무효이고 이에 기초해 한국을 지배한 것은 불법 행위라고 소송에 적시했다.

결국 이 소송의 핵심은 도쿄지방재판소 민사 제6부에서 진행되었는데 처음부터 일제 침략의 법률적 성격 규정부터 쟁점으로 부각되었다.

그 당시 우리 민족운동 진영에서는 을사조약 당시 고종의 친필서명(수결)이 없다는 전문적 고증으로 어느 정도 불법성을 파악했었다.

또한 1963년 유엔총회 결의안이 통과된 사실은 앞으로 불법적으로 일본인들이 조선 영토인 간도를 청나라에 넘겼던 '간도협약' 등에 유리하게 활용될 수 있을 것이다.

을사늑약 무효는 끝까지 일본인들의 불법에 목숨 바쳐 저항했던 선조와 선열들이 희생과 우리 국민들의 끝없는 항쟁으로 승화된 '국제정의와 한민족의 승리!'였다.

(2)
"일본 자위대가 한반도 난민 10만 명 사살해야"
전 일본 총리 발언, ICC에 체포영장 의뢰

역사적인 희대의 학살자 '도요토미 히데요시'와 '히로히토'의 후예인 '아소 다로' 제92대 일본 총리가 학살자의 후예답게 인면수심의 가면을 벗어던지고 마침내 본색을 드러냈다.

우선 저자 자신부터 '아소 다로' 전 일본 총리의 대담한 '한반도 난민 사살설' 보도에 경악과 충격을 금치 못했다. 저자가 지난 30여 년간 일본 핵심 군국주의나 핵무장파 극우 군국 핵심 세력들과 싸워 오는 동안에도 이러한 극단적이고 악랄한 한반도 난민 학살 운운 이야기는 미처 들어보지 못했기 때문이다.

2017년 '아소 다로'는 "한반도 유사시 발생할 난민이 10만 명으로 예상되는데 일본 자위대가 출동해서 사살해야 된다."고 발언했고 이 사실은 곧바로 언론에 보도되었다. '아소 다로' 전 총리가 본시 악랄한 성품과 비뚤어진 인성이지만 공개적으로는 금기시하던 충격적 그 모습이다.

평소 혐한이나 한국에 대한 멸시 발언을 수시로 남발하는 가학적인 사이코 기질로 잘 알려진 인물이다. 그러나 '한반도 난민 10만 명 사살' 운운에 주목하는 이유는 이 발언이 매우 정교하게 가다듬어진 의도라는 사실이다.

아무리 무식하고 저급한 인격에 평소 망언 기계라 불리는 고령의 노인이라고 하더라도 일본 총리대신을 역임했고 현역 일본 국회의원에 집권 자민당 부총재를 맡고 있는 자가 이웃나라 국민 10만명 사살을 입에 담는 것은 '국교 단절'이나 '외교적 파탄'을 각오해야 하는 매우 극단적 상황이 아니라면 불가능한 이웃 나라에 대한외교적 참사이기 때문이다.

심지어 수백 년간을 일촉즉발의 위기 속에 강경 대치 중인 이스라엘과 팔레스타인 하마스나 헤즈볼라 간에도 '10만 명 사살' 운운은 거의 상상할 수 없는 초국제적, 초국제법 상황이다. 따라서, '아소 다로'의 경거망동한 요설은 스스로를 옭아매는 반인도적 범죄 행위임이 틀림없다. 일본 자위대와 한반도 난민 10만 명 사살등 구체적 정황과 증거가 명백하기 때문이다.

국제형사재판소(ICC)에 명기된 '민간인에 대한 고의적 공격, 살해, 절멸에 의한 지시 예비음모죄' 위반으로 ICC에 기소와 체포영장 발부를 검토 중이다.

또 한 가지의 중대한 점은 '한반도 난민 10만 명 사살'이라는 직접적으로 난민을 정의하고 있다는 점에서 그는 '국제 난민지위에 관한 협약'에 반하는 중대한 범죄 행위를 자행했다. 스위스 '제네바 조약'인 '난민의 지위에 관한 협약'은 난민 발생 시 그들 한 명, 한 명을 철저히 보호해야 할 시대적 사명이 있기 때문이다.

그러나 '아소 다로'는 한반도 난민을 보호하기는커녕 적시해 일본 자위대에 의해 사살을 사주했다. 무지와 무식, 학살자의 후예로서 오직 미국 같은 초강대국만을 믿고 오만방자하게 행동하는 '괴물'들이 다시 등장해 한반도를 드러내놓고 총질을 시도하고 있다.

2024년 5월, 국제형사재판소(ICC)는 '벤야민 네타냐후' 이스라엘 총리에게 체포영장을 발부했고 기소되었다. '네타냐후' 이스라엘 총리에 대한 ICC의 죄목은 '반인도범죄, 살해와 절멸, 그리고 민간인들에 대한 고의적 공격 지시들'이 명시되어 있다.

따라서 '아소 다로'는 '네타냐후'처럼 한반도 민간인 즉, 난민들에 대해 무차별 학살을 암시했고 이는 '인도에 관한 범죄' 중 '음모 범죄'에 해당된다. '음모범죄'는 이러한 범죄를 저지르기 위한 합의 또는 계획으로 간주할 수 있기 때문이다. 그가 역사적 심판을 면할 수 없는 이유다.

일본은 현재도 2차 대전 패전국이며 '유엔적국'으로 UN에 규정되어 있다. 대한민국은 한민족에 위해를 가하며 학살 등 협박을 서슴지 않는 일본 군국주의자들에 대한 즉각적이고 단호한 조치를 취해야 한다.

(3)
일본,
다시 한반도를 노린다
저자, 국립 익산대 초청 강연, 2001.5.14., 익산대 대강당

사랑하는 대학생 여러분, 계절의 여왕이라는 이 아름다운 5월, 대학 축제 기간 중에 지성의 전당인 국립 익산대 총학생회 초청에 감사드립니다.

오늘 말씀드릴 내용은 일본 역사 왜곡의 본질은 무엇인가 하는 부분과 그 배경에 대해서입니다. 이것은 대단히 중요한 문제인데 그 이유는 그 뒤에 가려진 일본의 거대한 군국 프로젝트를 접할 수 있기 때문입니다. 일본의 단기 목표는 재무장의 빗장을 푸는 것이고 에너지 확보라는 미명으로 미국과 프랑스의 지원하에 핵재처리 시설을 통해 막대한 양의 플루토늄을 양산하는 계획을 지난 10년 동안 진행해 왔습니다. 따라서 일본의 중장기 목표는 세계 최첨단의 군비 증강과 핵무장을 완료하는 것입니다.

궁극적 목표는 그들의 신군국주의에 필수적으로 수반되는 한반도 재침이 가장 핵심 목표입니다. 역사 왜곡, 독도 영유권 주장, 어업협정 등으로 끊임없이 한·일 간에 분쟁과 갈등을 야기하고 있는 것입니다. 쉽게 표현하면 공연히 트집을 잡아 문제를 만들고 언론을 통해 국민감정을 자극하고 느닷없이 과거 일제 침략을 미화하는 것입니다. 예를 들어, 오늘날 한국이 잘사는 것은 과거 일본의 철로나 도로를 놓아 준 덕분이라는 등 허황되고 황당한 궤변들 말입니다.

우리의 분노와 격분을 유도해 일정한 기간이 지나면 사과하는 척하며 이를 봉합하고 또 몇 달 후 역사 왜곡 사건을 터뜨리는 것이 일본의 일상사와 전략으로 굳어 버린 것입니다. 한국 국민들이 내성이 생겨 그들의 도발에 지쳐 결국은 우리들의 경각심이 약해질 때, 그리고 그 시기가 무르익었다고 판단할 때 일본은 아마 우리에게 최후의 일격을 가할 가능성이 매우 커졌습니다.

보십시오! 1982년 그들이 소위 후지오 망언이라는 교과서 역사 왜곡의 예고편을 터뜨렸을 때 대한민국은 아마 3.1운동에 버금가는 대규모 일본규탄대회를 전국 방방곡곡에서 가졌습니다.

그로부터 20여 년이 흐른 지금, 일본에 지칠 대로 지친 우리 국민들은 일본의 웬만한 망언과 도발에는 별 반응이 없습니다. 결국 일본의 의도대로 그들의 애초 전략대로 본격적으로 교과서 역사 왜곡은 일본 정부가 직접 개입하는 징후가 포착되고 있습니다.

즉 후소샤판 일본 중·고교 검정교과서는 최악의 역사 왜곡으로 가득한 일본 제국주의를 미화하는 결정판이 되었습니다. 이것은 다시 말해서 그들이 미래의 주역으로 자신들의 후예인 중·고교 학생들에게 전쟁 범죄, 한반도 침략을 인정하지 않는, 결국 자신들의 행동을 정당화시키고 그 길로 다시 가겠다는 뜻 아니겠습니까?

특히 '임나일본부' 같은 조작된 역사는 일본 역사 왜곡의 대표적 경우로서 한반도가 원래 일본의 속국이었다는 황당한 가설을 역사라고 속여 일본 중·고교 학생들에게 가르치고 있습니다. 이렇게 허위의 역사로 양육된 일본 젊은이들하고 불과 10~20년 후에는 이 자리의 학생 여러분과 마주앉아 어떻게 한·일 간의 평화와 교류를 논의할 수 있단 말입니까?

하기야 일본인의 속담에 "거짓말도 백 번 하면 진실로 굳어진다."는 말처럼 어쩌면 진실과 거짓을 구별하지 못하는 그들의 저급하고 어리석은 문화와 역사관에 개탄을 금할 수 없습니다.

대학생 여러분,

작년 11월, 일본 열도를 발칵 뒤집어 놓은 희대의 역사 조작 사건은 오늘날 일본의 모습을 그대로 보여 주고 있습니다. 여러분도 기억하시겠지만 이 사건은 일본의 대표적인 고고

학자 '후지무라 신이치'가 자신이 일주일 전 땅속에 묻어 놓은 석기를 두고 마치 구석기시대 유적을 발굴한 것처럼 사실을 날조한 희대의 사기극입니다. 일주일 전 묻은 석기를 자그마치 70만 년 전의 석기라고 둘러대니 고대 이집트 문명에 버금가는 고대문명이 일본에 존재했다고 거짓을 일삼던 '후지무라 신이치'에 환호하던 1억 2천만 일본인들은 결국 CCTV에 조작 사실이 드러나자 자탄과 실망으로 무너졌고 신(神)의 손을 가진 '후지무라 신이치'는 결국 스스로 목숨을 끊는 비참한 사건이었습니다.

사랑하는 학생 여러분!
최근 우리 정부의 대일 정책이 유화 정책을 넘어 목표가 없는 방임주의로 흐르고 있습니다. 너무 균형 감각을 잃고 있습니다. 그들과의 친선과 교류 협력에만 몰두하는 외교는 진정한 국익을 위한 외교가 아닙니다.

한국 정부, 더 이상 국익 훼손하는 친일 외교 중단해야

외교는 상대가 있지만 항상 형평과 냉정을 유지해야 하는데 최근 한국 정부의 대일 정책은 김대중 정부가 들어선 이후 매우 불합리한 문제들이 곳곳에 발생하고 있고 많은 국민들이 이에 대해 걱정을 하고 있습니다.

신 한·일어업협정 협상 과정에 우리의 독도 영유권 훼손 문제에 대한 학계의 지적을 정부는 외면하고 있고 김대중 대통령은 일본에 과거 침략 행위에 대해 더 이상 배상 요구를 하지 않겠다고 하며 소위 한·일 신시대를 선언했습니다.

김대중 대통령은 연설을 통해 한일 관계의 오랜 1,500년 역사에서 양국이 전쟁과 식민 지배를 통해 대립했던 시기는 임진왜란 7년과 36년간의 식민 지배 기간 이외에는 화해의 기간이 더 길지 않았느냐고 역설했습니다.

그러나 여러분!

이것은 대단히 위험하고 편협한 논리입니다. 역사라는 것은 고무줄처럼 자신의 편의대로 늘였다 줄였다 하는 것도 아니며 당시의 상황을 지금의 잣대로 재단하는 것은 더더욱 아닙니다. 그래서 역사는 단순히 흘러간 과거가 아니고 미래의 서막을 미리 예측할 수 있게 해 주는 것입니다. 또한 역사는 깊은 성찰의 대상인 것입니다.

한·일 관계가 좋았던 1,500년 역사를 정직하게 다시 말해 볼까요? 한반도의 백제문화가 불교문화를 중심으로 일본인들의 정신적 가치를 선도했음은 분명한 사실입니다. 히로히토와 아키히토 현재 일본 왕도 자신들에게는 백제 왕족의 피가 흐르고 있다고 시인하지 않았습니까?

다시 말하면 정신적 가치나 문화도 없었던 미개한 일본에게 국가의 기틀을 잡아 주고 인간의 도를 심어 준 은혜와 조상의 나라 조선을 침략해 조선 인구의 50%를 희생시키고 5,000년 역사의 찬란한 문화의 하드웨어와 소프트웨어를 모조리 싹쓸이해가서 자신의 문화라고 강변했던 것이 바로 임진왜란 7년 전쟁이 아니었습니까? 일본의 야만적이고 악질적인 살육과 수탈의 역사를 우리는 도저히 용서할 수 없고 잊을 수도 없는 것입니다.

분단과 한국전쟁 책임 물을 때

만일 이순신 장군 같은 위대한 전략가가 임진왜란 당시 계시지 않았더라면 조선 인구 50%가 희생된 것이 아니라 아마 우리 민족의 존재 자체를 장담하기 어려웠을 정도로 참담한 전쟁이었습니다. 일제 36년의 식민지 통치 기간 동안 일본의 태평양전쟁에 동원되어 희생된 한국인의 수가 무려 700만 명이 넘고 민족자본(금, 곡물, 광물자원 등) 50조 달러(현재 시세 추정)가 수탈되었는데 한·일 관계의 1,500년 긴 역사 중에서 한·일 관계가 불편했던 기간은 불과 임진왜란 7년과 식민 통치 36년뿐이라고 가볍게 말할 수 있는 것이 과연 올바른 역사관이라고 볼 수 있습니까?

이는 역사의 왜곡이고 민족과 역사에 대한 모독일뿐더러 국제정의와 세계 평화에도 반하는 중대한 오류입니다. 특히 우리가 배울 때 흔적이 없었던 우리의 고대사를 기록한 단군왕검의 기록 등 한민족의 고서가 도쿄 일왕의 거처인 왕실 서가에 약 30만 권이 보관되어 있다고 합니다. 알고 보니 일제치하의 조선총독부가 패망 직전에 이를 일본으로 빼돌렸다고 합니다.
프랑스의 외규장각도 중요하지만 우리 민족의 얼과 혼이 담긴 우리의 고대사를 미래의 주역인 이 자리의 대학생 여러분이 찾아와야 하지 않겠습니까?

사랑하는 학생 여러분!
작년 2000년에 미국의 출판계에 돌풍을 일으킨 책이 있습니다. 미 하버드대 '허버트 빅스' 교수가 쓴 『히로히토왕 전기』는 2001년 영예의 '퓰리처상'으로 결정되었다고 합니다.
이 책에는 히로히토 일본 왕의 이름으로 자행된 태평양전쟁에서 한국인 700만 명을 포함하여 아시아인 2,000만 명의 희생을 가져온 장본인 히로히토의 죄상을 낱낱이 밝히고 있습니다.
맥아더의 은전으로 더 쉽게 표현하면 패잔병 일본왕의 이용

가치에 따라 그를 살려 뒀으나 그는 죽은 지 10년 만에 세상과 역사에 발가벗겨져 치욕스럽게 부관참시를 당하고 있는 것입니다.

그의 악행은 인간의 잔인함의 극한의 지경에까지 이르고 있습니다. 난징(南京)에서의 중국인 30만 명 학살, 만주 침략, 민족시인 윤동주 시인을 비롯한 조선인들의 집단 살육과 인간 생체 실험 등은 히로히토가 히틀러보다 한층 더 악질적이고 야비한 인간이라는 것을 보여 주고 있습니다.

그런데 저는 여기서 여러분께 묻고 싶습니다. 왜 우리는 이런 책을 못 씁니까? 일제의 가장 큰 피해자이고 그 후손인 우리들이 서양인들의 객관적 시각보다 더 한층 훌륭한 역사를 조명할 수 있다고 생각합니다.

일본 핵무장, 군비 증강 속도 급격히 빨라져

지금부터는 실제 일본의 군사력은 어느 정도인지, 과연 그들의 핵무장과 군비 증강은 어느 정도나 되는지 따져 보도록 하겠습니다. 가끔 우리는 김진명 씨의 소설 『무궁화꽃이 피었습니다』처럼 실제 독도에서 한국군과 일본군이 군사력으로 전투가 발생하면 결과는 어떨까 라고 생각하며 궁금해하실 겁니다. 시간 관계상 일본의 군사력 상황을 모두 말씀드리기는 어렵고 배포해 드린 강연 요지를 참고하시기 바랍니다.

다만, 몇 가지 예를 들어 일본의 군사력이 얼마나 막강한지를 설명드리고자 합니다.

1945년 일본군을 패망하게 한 '미드웨이'해전을 직접 지휘했던 미 태평양 함대사령관 킹(King) 제독은 미국이 태평양전쟁에서 이길 수 있었던 가장 큰 이유는 '레이더'의 성능이라고 고백했다고 합니다. 그러나 40년이 지나 터진 걸프(Gulf)전에서는 레이더로 탐지되지 않는 세계 최초의 '스텔스' 폭격기가 등장해 이라크를 속수무책으로 만들었던 것입니다.

레이더에 잡히지 않는 환상의 스텔스 기술은 미국이 자랑하는 최첨단 기술입니다. 그런데 알고 보면 그 스텔스기의 핵심 요소인 특수페인트와 '탄소섬유수지'는 모두 일본이 개발한 일본제품이었다는 사실에 여러분은 어떻게 생각하십니까?

1592년 임진왜란 당시 조선군이 육상에서 일본군에게 대패한 것은 조총의 위력 때문이었습니다. 반대로 해상에서는 이순신 장군의 위대한 거북선이 일본 해군을 연전연승 격파한 것은 결국 거북선이라는 신무기였고 동서고금을 막론하고 전쟁에서의 승패는 신무기의 전략으로 승패를 좌우하게 됩니다.

지금 일본은 우리나라에 한 척도 없고 미국도 불과 몇 대 없는 꿈의 전함 '이지스' 군함을 4척이나 보유하고 있고 최신예 전투기와 공중조기경보기 등은 우리에게는 요원한 하이테 크 무기들입니다.

다음은 사실 오늘 강연의 핵심이 될 수 있는 일본의 현재 핵 무장 실상과 미국의 일본 핵 지원 상황을 분석하여 간단히 말씀드리고자 합니다.

미국과 일본은 1988년 비밀리에 일본 핵개발 지원 협정을 맺 었습니다. 이 협정 내용은 미국에서 수입하는 핵물질을 아 무 제한 없이 플루토늄으로 재처리할 수 있도록 허가한 것입 니다. '수치를 모르는 미국과 일본', 미국과 일본이 30년 이 상 세계를 상대로 한 새빨간 거짓말이 탄로 났습니다.

일본 내 비핵 3원칙(핵무기를 보유하지도, 사용치도, 반입치 도 않는다)은 처음부터 존재하지 않았고 세계를 기만한 미· 일의 합작품입니다. 이 협정에 대해 미 원자력법 위반임을 밝혀내고 미 하원 국제관계위 '단트 패셜' 위원장에게 이의 취소를 요구했지만 부시 대통령이 협정문서에 서명을 강행 했습니다. 이는 핵확산금지조약(NPT)에 대한 미국과 일본 의 명백한 위반입니다. 현재 일본은 핵무기의 가장 이상적인 원료인 약 3,000kg의 금속성 플루토늄, 첨단 핵탄두의 원료가 되는 40kg(98% 순수 초고준위) 플루토늄과 24,000kg 의 저준위 플루토늄을 보유하고 있습니다. 이미 일본은 핵폭탄을 즉시 조립할 수 있는 '전자기폭장치'를 비롯한 모든 핵심부품 개발을 완료했습니다.

1994년 미국 매사추세츠주의 국방군축연구소(IDDS)는 이미 일본이 핵폭탄 1개를 제조했을 가능성을 밝혔습니다. 만일 일본이 핵폭탄을 만들었다면 제일 먼저 플루토늄 타입입니다. 일본이 후쿠이현 등에서 미국의 지원으로 재처리했거나 IAEA의 눈을 피해 도카이무라 등지에 숨겨 놓았던 플루토늄입니다. 격발장치, 전자기폭장치를 개발한 것은 알려진 사실입니다.

둘째는 농축 우라늄을 이용한 핵폭탄 또한 1980~90년대 미국의 집중 지원으로 핵폭탄 제조에 필요한 수준의 고농축 우라늄을 생산했을 것입니다. 이 핵폭탄이 히로시마형이라고 보면 됩니다. 일본 핵무기의 보관장소로 추정되는 곳도 밝혀지고 있습니다. '오키나와'의 '가데나 4009동'과 '헤노코 1097동'이 문제의 장소입니다. '가데나' 탄약고는 이중으로 담이 설치되어 있고 주위에 장애물 자체가 없습니다. 적외선 탐지장치와 견고한 감시탑에 일본 자위대의 핵무기 전문요원이 배치되어 있는 이곳은 거의 틀림없는 핵무기 저장시설물입니다. '헤노코' 탄약고 역시 미 국방부의 핵무기 보관 기준원칙에 일치한 시설을 갖추고 있는 곳입니다. 주목할 것은 탄약고 북쪽에 있는 컨테이너는 화학무기를 저장하고 있을 가능성이 높습니다.

한국 정부 일본 핵무장 명백한 증거, 플루토늄 과다 보유 책임 물어라

"최근 446kg의 플루토늄이 프랑스와 영국에서 일본으로 수출되고 있음은 매우 심각한 역사의 반역행위가 아닐 수 없고 이는 즉시 중단되어야 한다고 엄중히 경고합니다."
이제 일본의 선택은 분명해졌습니다. 1992년 PKO 파병 →1999년 새로운 미·일방위동맹→2005년 평화헌법9조 개정 →핵무장선언 순서가 이미 정해져 가고있고 우리 정부는 이 긴박한 흐름을 간과하며 방관하고 있습니다. 이제 더 이상 일본에게 있어서 평화와 우호 관계는 환상인 듯합니다.

사랑하는 학생 여러분!
저는 오늘 강연을 마무리하면서 어느 언론에 보도된 정부의 대일 정책에 관한 중대한 전환점을 예고하는 내용을 소개해 드리고자 합니다. 그런데 문제는 정부의 대응이 너무 늦었다는 것입니다. 이 신문은 2001년 8월 12일자 바로 어제《중앙일보》입니다. 보도 내용은 이렇습니다.

"우리나라 외무부 고위당국자는 군사용으로 전환할 수 있는 민간기술까지 감안하면 사실상 일본은 이미 군사대국화가 된 상황"이라고 솔직히 고백하고 있습니다. 또한 일본의 우익화, 우경화에 대해서도 사실상 한국 정부로서도 대응 방법이 없다고 털어놓았습니다.

이미 무서운 군사대국이 되어 버린 일본을 어떻게 할 것인가? 모두들 당황하고 우왕좌왕하고 있습니다. 이제 와서 어쩔 도리가 없다? 기가 막히는 말입니다.

그러나 여러분! 얼마든지 막을 기회가 있었고 우리 같은 민간 시민운동가들이 무려 15년 이상을 일본의 군국화에 대비해야 하고 핵무장에 강경히 대응해야 한다고 정부에, 정치권에 촉구해 오지 않았습니까? 오늘 나눠 드린 한겨레신문 바로 어제 신문에 제가 기고한 글을 읽어 보시면 알겠지만 상황이 급박합니다. 정말 '임진왜란'을 예측하고 '10만 양병설'을 주창했던 '이율곡 선생'의 심정처럼 외쳐 왔습니다.

이제 누구 탓을 할 수도, 할 필요도 없습니다. 하늘이 무너져도 솟아날 구멍이 있다고, 지금이라도 정부가 또 정치권이 긴밀히 국제 공조를 다지며 효과적으로 움직인다면 일본의 군사대국화는 그 상태로 묶여 버리고 침략에 대한 망상을 깨뜨릴 수 있는 방안이 분명히 있을 것이라고 저는 분명히 말씀드립니다.

분명한 것은 NGO 같은 민간 영역에서 오히려 이런 상황을 연구하고 대비해 온 줄 알고 있습니다. 우리가 정부를 아예 못 믿는 것은 아니지만 정부는 그동안 특정 정권의 성향에 따라 친일파, 미온적 친일, 무대응 대일 전략으로 일관해 왔습니다.
우리는 오늘 이 자리에서 우리의 운명을 좌우할 수도 있는 일본의 군사대국화, 핵무장에 대한 경각심과 대응논리를 생각하는 계기가 되었을 줄 믿습니다.

"과거를 기억할 줄 모르는 자나 그 집단은 과거를 다시 되풀이하게 되어 있다."

이 말은 유대인을 대량 학살한 독일 바바리아주의 나치 '다하우 수용소' 입구에 새겨진 문구입니다.

여러분, 장시간 함께해 주셔서 감사합니다. (박수)

(4)
'도널드 트럼프' 미 대통령에게 저자가 보내는
특별 공개서한
"일본은 역사적 배신의 아이콘"

도널드 트럼프 미합중국 대통령 귀하

먼저 각하의 11월 7일 대한민국 국빈 방문을 진심으로 환영
드립니다.

각하의 말씀처럼 이 지구상에 수십만 명의 희생자를 내면서
도 반백년 이상의 장구한 기간을 함께 변함없이 굳건한 혈
맹과 동맹을 유지하는 국가는 미국과 한국 이외에는 존재하
지 않습니다.

일본, 선전포고 없이 진주만을 쑥대밭, 역사는 반복됩니다

미국의 맹방이라는 일본은 1941년 12월 4일 미국 진주만을
기습적으로 침공해서 수천 명의 미군의 목숨을 빼앗고 하와

이를 순식간에 쑥대밭과 생지옥으로 만들어 놓은 가학적 침략 국가입니다. 이 현상은 일시적인 현상이 아닌 일본의 변화무쌍한 변신 자체가 배신의 아이콘입니다.

중국은 이미 6·25 한국전쟁 중에 100만 명의 대군을 파병해 UN군과 한미 연합군에 치명적 타격을 가한 대표적 공산주의 국가입니다.

대한민국은 유감스럽게도 바로 이 국가들과 함께 수천 년간 부대끼며 힘들고 불행한 지정학적 위치에서 살아왔습니다. 또한 저희는 이들 국가들에게 무려 936회의 침략을 당했습니다. 그럼에도 불구하고 평화를 사랑하는 한민족으로써 5,000년 정체성을 지키며 역사적 독자성을 유지하며 민족적 자존을 지켜온 것은 아마 지구상에 저희 한반도 한민족과 이스라엘 민족이 유일할 것입니다.

가츠라·테프트 밀약, 한반도 식민 지배 원인

한국과 미국은 아직도 풀어야 할 숙제와 불필요한 오해 또한 존재하는 것이 사실입니다. 예를 들어 미국이 우리 민족과 한반도에 대한 일본 식민 지배를 용인한 1905년 미국과 일본의 가츠라·테프트 밀약과 혹은 반공을 이유로 군사독

재 정권의 장기집권을 지원한 일 등입니다. 그럼에도 불구하고 2000년 이후 한국에서 더 이상 과거 1980년대의 노골적인 반미 구호가 나오지 않는 것은 성숙한 민도와 함께 미국과의 혈맹과 선진우호를 소중히 이해하는 대한민국 국민의 진심일 것입니다.

저의 선친은 미 대통령 아들 '존' 소령과 UN 사령관 아들 '지미' 중위와 함께 싸운 한국군 장교입니다

6·25 한국 전쟁터에서 적탄에 쓰러진 저의 아버지 고 박성문 중령께서는 '아이젠하워' 대통령의 아들인 '존' 소령과 유엔군 총사령관 '밴프리트' 장군의 아들 '지미' 공군 중위, 미 육군대장 '마크 클라크' 장군의 아들 '클라크' 육군 대위와 같은 젊은 장교로서 총탄이 난무하는 한국전쟁의 전쟁터를 함께 누비며 피와 땀과 눈물을 닦아 주면서 목숨을 걸고 싸우다가 미국과 한국이라는 조국의 영광과 민주주의와 자유를 위해 장렬히 목숨을 바쳤습니다. 이를 어찌 역사의 우연이라고만 볼 수 있겠습니까?

그 사명을 이어받은 귀국 미국이나 우리 한국의 애국자 2세들이 고위공직자로, 기업인으로, 과학자로, 언론인으로 한·미 양국의 가장 중요한 위치인 국가의 책무를 맡아 움직이고 있는 한 한·미 양국은 과거에도 그렇지만 앞으로 미래 세

대에도 세계 그 어느 국가보다도 특별하고 강력한 혈맹의 동
맹 관계를 유지할 것으로 확신합니다.

**미국은 일본, 후쿠시마보다 더 재앙인 '롯카쇼무라' 핵 공장을 폐쇄
하십시오**

2차 대전 전범국이며 현재도 유엔의 적국인 일본은 미국의
지원으로 핵무장을 완료한 단계입니다. 2011년 후쿠시마 핵
원전 폭발로 인류에게 또 다시 심각한 피해를 안겨 준 일본
은 '플루토늄'을 생산하는 핵연료 공장을 대폭 증설하는 등
이해하기 어려운 정책을 강행하고 있습니다. 주지하시다시
피 지구상에서 가장 강진이 많은 일본은 후쿠시마 핵 원전
보다 더 위험한 후쿠이현 '고속증식로', '롯카쇼무라' 핵연료
공장이 지진과 해일피해를 당한다면 후쿠시마 재앙을 떠나
서 전 지구적인 '아마겟돈'과도 같은 지구 종말의 재앙 핵 방
사능이 인류를 강타할 것이라는 공통된 의견입니다. 따라서
일본은 국가 특성상 더 이상의 핵 원전과 '플루토늄' 반입,
저장, 수입, 생산 자체를 중단시켜야 함을 강력히 요청드리
는 바입니다.

거듭 강조해 말씀드리지만 한·미 관계는 그 어느 국가와도

비교할 수 없는 함께 피를 흘리며 싸워 쟁취한 민주주의와 자유의 가치로 단단히 맺어진 혈맹의 특수성이 존재한, 지구상의 유일한 경우입니다.

다시 한번 방한을 환영합니다. 감사합니다.

2017.10.

대한민국 제7대 익산시장 박경철 올림

VII.
저자의 일본 응징,
시의성(Timeliness)과
역사성(Historicity)

"후쿠시마 핵 원전 폭발 사고로 인한 방사능, 핵오염수 피해와 플루토늄 반감기 24,000여 년 등 환경적 재앙은 전 인류의 문제."

- 저자의 기조연설, 중국 전장시(Zhenjiang) 주최 국제환경회의
(2014.10., 쉐라톤호텔)

(1) 일본 후쿠시마 핵 원전 재앙 전 지구적 대응 절실

(2) 일본 55개 핵 원전 방사능 사고 위험 심각하다

(3) 북한 핵 핑계, 일본 군사력 증강 용납될 수 없다

(4) 히로히토 조문 절대로 안 된다

(5) 일본 자위대 페르시아만 파병 중단하라

(6) 북한 핵 민족 자주 입장서 대처를

(7) 일본 핵무기 개발 묵과할 수 없다

(8) 일본, 핵무장과 평화헌법 개정 긴급 대응해야

(9) 일본 핵 개발, 북 핵과 동시 규명 절실

(10) 일본이 나의 핵 원전 재앙 경고 받아들였다면

(11) 일본, 한반도 정보 수집 행위 강력 대응하라

(12) 한반도 운명 직시, 국익 정치 펼쳐라

(13) 수요 집회 1000번째, 피눈물의 20년, 세계가 지켜보고 있다

(1)
일본 후쿠시마 핵 원전 재앙 전
지구적 대응 절실

일본 후쿠시마 원전사고는 단순한 원자력발전소의 사고가
아니라 1945년 8월, 히로시마에 투하된 원자폭탄보다 무려
72,000배가 넘는 세슘, 요오드, 스트론튬의 치명적 방사성
물질이 터져 나왔다.

세계적 핵 전문가 영국 얼스터대학의 크리스 버스비 교수는
인류 최악의 핵재앙 사고인 체르노빌은 한 번에 폭발했지만
후쿠시마는 지금 이 순간도 1년 이상 방사성 물질이 나오고
있으며 이미 피해자가 일본에서는 속출하고 있는 이 피폭 사
고로 앞으로 100만 명 이상이 숨질 것으로 예상하고 있다.

여기에 설상가상 격으로 플루토늄 누출을 일본 정부가 1년
전 공식 인정한 이후 도처에서 플루토늄 누출이 곳곳에서
감지되고 있다.

핵물질인 '플루토늄'은 방사능 입자 기반으로 줄어드는 기간
을 말하는 반감기가 무려 24,300년이라는 충격적 사실이다.
더 심각한 것은 플루토늄이 백만분의 1g이라는 지극히 소량

일지라도 대기 중 퍼지거나 바닷물이나 토양으로 급속히 퍼질 경우 즉각 폐, 간, 골수에 암이 발병하는 '죽음의 재'라고 불리우는 공포의 핵물질이다.

따라서 플루토늄이 추후 이렇듯 통제키 어려운 상황에서 후쿠시마 원전 일대에서 누출되거나 일본 보유 약 50톤의 플루토늄이 지진 등 재해로 폭발할 경우 지구촌 전체는 인류 사회 최대의 재앙과 멸망의 긴박한 위험에 처할 가능성이 크다. 후쿠시마에서 100마일 떨어진 일본 수도 도쿄의 방사능 수치는 후쿠시마 피난 지역의 무려 25배나 된다. 3,000만 도쿄 시민들은 최근에서야 이 믿기 어려운 비극적 현실을 인식하고 있다. 대한민국은 '편서풍'이 부는 곳이니 이상 없다는 정부의 고장 난 레코드는 결국 허구이고 말장난임이 밝혀지고 있다. 지구의 주요 수역인 태평양이 방사능쓰레기 처리장으로 변한 이 시점, 변화무쌍한 해류(海流)는 미국 특히 북미 지역인 캘리포니아, 오리건, 워싱턴, 벤쿠버의 서부 해안의 모든 지역이 핵 오염 공포에 떨고 있다.

최근 미국 서부, 샌프란시스코 지역 우유 성분 검사 결과 세슘-134, 세슘-137이 미국 환경부 기준치의 150%를 넘어서고 있다. 특히 플루토늄-239의 반감기가 24,300년이라면 일본 거의 전 지역과 해역은 사실상 앞으로 사람이 살 수 없는 죽음의 땅이다. 일본의 저명한 반핵 저술가 시로세 다카시는 2012년 최신작 『제2의 후쿠시마 일본 멸망』 첫머리에서 현재 일본인 다수가 '핵재앙'은 끝났다는 불가사의한 오해의 현실을 엄중히 지적하고 있다. 일본의 핵기술을 지원한 미국, 이를 묵인하고 플루토늄 수십억 달러어치를 일본에 판매한 프랑스와 영국의 부도덕한 커넥션이 숨겨져 있다.

일본이 러시아 쿠릴 열도나 중국의 오지와 한국의 남부에 일본인 거주 지역을 은밀히 물색하거나 미국 정부의 오염된 태평양 지역의 핵물질 제거 움직임은 이와 무관치 않다.

그러나 무려 50톤의 일본 플루토늄이 위험에 노출된다면 사실상 지구촌 전체가 재앙을 피할 길이 없고 지구라는 행성 자체가 심각한 오염 상황을 부정할 수 없다.

나는 국제정의와 평화 NGO운동을 지난 20년간 전개해 오며 미국의 일본 핵 지원과 프랑스, 영국의 부도덕한 일본에 대한 플루토늄 판매 행위에 강력한 반대 캠페인을 전개해 왔다. UN과 IAEA를 찾아가 강력히 항의하고 미국, 유럽, 일본, OECD본부 등으로 날아가 일본 핵물질 무단 반입 중단을 강도 높게 주장해 왔고 소기의 성과도 거두었다.

지금은 인류 전체의 비상한 위기 상황이고 지구촌 전체가 영화 '아마겟돈'이 될 가능성이 높을 수밖에 없는 현실 상황이다. 일본 플루토늄, 더 이상은 안 된다. UN과 미국이 governance 체제를 구축해 인류의 위기를 막아내야 한다.

《한양대 신문》, 2012.5.28.

(2)
일본 55개 핵 원전
방사능 사고 위험 심각하다

일본 후쿠시마 제1원자력 발전소 2호기 원자로 온도가 급상승해 일본 국민들이 공포에 떨고 있다. 일본 정부는 부인하고 있지만 2011년 핵폭발 때처럼 핵분열이 연쇄적으로 발생하는 재임계 상태로 치달을 가능성 때문에 국제사회 또한 불안해하고 있는 것이다.

일본 집권 민주당의 오자와 이치로 前 간사장은 2월 5일 일본 후쿠시마 원전은 "아무것도 위험이 수습된 것이 없으며 핵폭발이 일어나지 않도록 미봉책으로 현재 상황을 유지하고 있다."고 폭로하고 "지금이라도 수십조 엔을 투입해 방사성 물질을 차단해야 할 것이다."라고 노다 일본 총리에게 경고했다.

만일 오자와 의원의 발언이 사실이라면 일본 정부는 2011년 후쿠시마 원전 폭발초기 당시처럼 일본 핵시설 통제능력을 이미 상실했다고 판단할 수밖에 없다. 일본 정부와 도쿄 전력의 후쿠시마 사태에 대한 심각한 사실 은폐, 언론 통제를 국제사회는 똑똑히 지켜봤기 때문이다.

따라서 UN과 국제 사회는 직접 일본 핵폭발 사태에 개입해 일본 국민뿐 아니라 인근 아시아, 태평양 국가의 방사능 오염 가능성을 차단시키는 즉각적인 결단이 필요한 시기다. 특히 일본의 핵 재처리의 산파 역할국인 미국 정부와 플루토늄을 대량 판매한 프랑스, 영국 정부는 일본 정부와 핵 통제 협력 노력을 즉각 개시할 것을 촉구한다.

이는 온 인류 앞에 펼쳐진 핵으로부터의 중대하고 엄혹한 현실을 자각하고 인류의 보편적 가치인 평화를 지키고 재앙을 막기 위한 긴급한 위기 상황이기 때문이다. 25년 전의 체르노빌 원전 참사는 수백만 명의 피해자를 발생시킨 최악의 핵 원전 사고이다.

또한 지금 이 시간도 사고 현장에서 방사능이 유출되고 있는 현재 진행형이다. 구 소련뿐이 아니라 인근 국가인 유럽의 영국, 독일, 오스트리아 등 전 유럽이 피해국이었다.

마찬가지로 지금 이 시간에도 일본 후쿠시마에서는 쉴 사이 없이 방사능이 유출되고 있다.

그 방사능이 지구상에서 일본과 가장 가까운 한국에 어떤 영향을 미치는가. 정부의 대책과 조사도 없는 실정이다. 또한 언론에서도 묵묵부답이다. 이는 국민 앞에 진실을 감추는 행위이다.

특히 후쿠시마 옆에 위치해 있는 세계 최대의 핵재처리 시설인 도카이무라 플루토늄 저장 공장이 폭발한다면 이는 한국이나 중국뿐 아니라 태평양과 대서양을 넘어 전 세계가 핵 재앙에 처할 가능성을 배제할 수 없다.

우리 정부의 일본 핵폭발 사태에 대한 외교적 노력을 포함한 국내외 상황에 대한 즉각적인 종합 대책과 비상한 결단을 거듭 촉구한다.

CBS 《노컷뉴스》, 2012.2.15.

(3)
북한 핵 핑계,
일본 군사력 증강 용납될 수 없다

북한 핵문제가 계속 국제적인 이슈가 되고 있는 가운데 일본이 북한 핵제재 동참을 명분으로 군사력을 증강하려는 심상치 않은 움직임을 보이고 있다. 우리는 일본의 이 같은 움직임에 대한 대응책을 시급히 마련해야 할 때라고 생각한다. 지난 3월 중순 일본전략연구센터는 한반도에서 분쟁이 발생할 경우 일본 자위대가 즉각 파병 형식의 긴급 전시지원을 감행해야 한다는 요지의 안보지침서를 발표했다.

또 일본 외무부의 한 관계자는 북한 핵문제로 한반도에 긴장이 고조될 경우 한국 내 1만여 명의 일본인들을 구출하기 위한 대책 마련에 착수하고 이를 위해 자위대법 개정을 긴급 상정해야 한다고 건의했다. 91년 걸프전 개전 당시 일본 자위대의 평화유지군 파병론이 거론됐을 때 많은 전문가들은 일본의 군사력 증강을 우려하며 이에 반대했었다.

그러나 92~93년 일본은 미국의 승인하에 프랑스, 영국으로부터 1톤의 플루토늄을 도입했고 올해 4월부터는 핵연료 고속증식로인 '몬주'를 가동시키고 있다. 이런 점을 감안할 때 일본의 핵무장은 마음만 먹으면 언제든 된다는 게 국제적인 정설이다. 최근 영국 정부의 기밀보고서는 일본이 이미 1개 이상의 핵폭탄을 보유했을 가능성이 있는 것으로 분석했고 미국 역시 일본의 핵개발을 인정하는 듯한 입장을 보이고 있다. 이런 상황에서 미국은 한반도 분쟁 상황 발생 시 일본에 즉각적인 군사 행동을 요청할 것으로 알려졌다. 미국의 이러한 행동은 사려 깊지 못한 행동으로 어쩌면 중대한 과오가 될지도 모른다. 일본의 군사 행동은 어떤 형태라도 일본 헌법에 위배되는 것이며 아시아뿐만 아니라 세계의 평화를 위협하는 중대한 결과를 초래하게 될 것이다. 이런 점에서 현 정부의 '韓日 간 군사협력 강화' 문제는 신중하게 재고돼야 한다. 거듭 강조하지만 한반도를 대상으로 한 일본의 군사 행동은 우리 입장에선 도저히 용납될 수 없는 불법 행위이다.

백 년 전, 같은 민족인 동학군을 치기 위해 일본군을 불러들였던 조선조 말기 위정자들의 사대주의적 판단 착오로 우리는 국권을 빼앗기고 민족의 자존을 위협받는 치욕의 역사를 경험했다. 이런 역사의 교훈이 있었기에 우리는 군사적 지원만큼은 단호히 거부했던 것이다. 북한 핵문제에 세계의 이목이 쏠려 있는 사이 진행되고 있는 일본의 군사력 증강 움직임을 예의 주시해야 할 것이다.

《한국일보》, 1994.5.28.

(4)
히로히토 조문
절대로 안 된다

'히로히토' 일본 국왕의 죽음이 임박했을 때 「히로히토를 지옥에서 기다린다」는 英國 어느 신문의 보도가 외신을 통해 우리에게 전해진 적이 있었다. 그 신문의 표현처럼 '히로히토'가 지옥으로 떨어졌는지는 알 수 없지만 결국 그는 죽었다. 지난 수개월 동안 계속된 日本 열도의 섬뜩한 '日王症候群'을 냉정히 지켜본 우리는 日 수상 '다케시타'의 차기 수상으로 유력시되고 있는 '아베' 民主黨 간사장의 연이은 '히로히토' 미화 발언에 크게 놀라지 않았다. 가증스런 위선에 냉소를 보였을 뿐이다.

지난 수십 년 동안 거짓과 죄악으로 가득 찬 역사 왜곡을 되풀이 반복해 온 日本의 뻔한 속을 환히 들여다보는 우리로서는 "말이 아니면 탓하지 말라."는 속담처럼 흥분할 이유가 없기 때문이었는지도 모른다. 그러나 버젓이 이 나라에서 자행된, 전직 장관이요 駐日대사까지 지낸 崔慶綠 씨의 親日 망언에는 우리 국민 모두 커다란 충격을 받지 않을 수 없었다. 이에 뒤질세라 '마이니치' 신문에 '히로히토'를 찬양하는 회고담을 늘어놓은 前 국무총리 丁一權 씨의 발언에는 아예 기가 막혀 할 말을 잃을 지경이다.

정작 나라 밖에서 들끓고 있는 '히로히토'의 전범 행위 규탄과 이를 미화하는 일 정부의 작태를 비난하는 소리가 하늘을 덮고 있음에 그나마 위안을 삼고자 한다. 주요 서방 국가는 앞을 다투어 '히로히토' 장례식에 불참을 결정했거나 조의조차 표명하지 않았다. '팜 티자드' 뉴질랜드 국방장관 같은 이는 日本의 '히로히토' 미화에 대해 '히로히토'는 종전 후 총살을 당하거나 공개 처형을 당했어야 한다고 말했음을 외신은 전하고 있다. 참으로 당당하고 투철한 이들의 역사의식에 사뭇 부러움마저 느낀다. 하기야 독일의 철저한 '나치스' 불식 역시 이러한 투철한 역사의식이 없었다면 불가능했으리라.

그러나 日帝에 의해 이 지구상에서 가장 혹독하고 잔인한 피해 國民은 유독 조용하기만 하다. 정작 이 나라의 대표적인 지도급 인사들은 도대체 무엇을 하고 있는가. 여야의 명분과 실리 다툼에는 소리 높여 목청을 돋우던 정치인들이 민족정기가 무참히 훼손되는 친일 망언이 속출하고 민족 역사의 근간을 뒤흔드는 일본의 오만하고 방자한 작태가 계속되는 이 비상시국에 아예 모른 채 두 손을 놓고 있음은 무슨 까닭인가. '히로히토'의 사망 소식에 정중한 애도의 뜻을 표한 이 정부와 정당들을 보라. 한술 더 떠서 '히로히토'의 영정 앞에 허리 굽혀 애도하는 이 나라 지도급 인사들의 줄 이은 조문 행렬을 보라. 이 나라를 어떻게 이끌어 가려는가 묻는다.

우리는 배알도 쓸개도 저버린 이들에게 통한의 피맺힌 절규로 강력히 항의하며 민족과 국민의 이름으로 추상같은 역사의 경고를 발하지 않을 수 없다.

우리는 고뇌에 찬 비통한 심정을 억누르며 이 나라의 지도자들에게 맹성을 촉구하는 바이다. 또한 정부는 '히로히토' 조문 계획을 즉시 철회하라. 우리는 결코 '히로히토'를 조문할 수 없다. 이것은 역사의 당위요, 민족정신이 존재함을 확인하는 것이다. 또한 이것은 순국항일 독립열사들과 국민의 준엄한 명령임을 깨닫기 바란다. 한국과 일본은 역사 왜곡을 기점으로 이미 선전포고와 총소리 없는 전쟁이 시작되었음을 알아야 한다.

일본은 1986년도에 GNP 1%의 군비상한선을 과감히 깨 버리고 엄청난 국방예산을 편성, 이미 영국과 프랑스를 제치고 세계 3위의 초군사강국으로 우리 앞에 우뚝 서 있다. 어느 날 일장기를 펄럭이는 항공모함이 仁川항에 불쑥 들어와 서울을 향해 포문을 돌린다면 이것이 과연 지나치기만 한 기우일까. 우리가 역사의 교훈을 망각하고 각성하지 못할 때 역사는 무서운 심판을 내렸다. 특히 오늘날처럼 민족정기가 퇴

색해 갈 때일수록 역사는 되풀이되는 경우가 많았다고 하는 어느 역사학자의 경고는 우리 모두에게 지나간 쓰라린 오욕의 역사를 새삼 되새기게 하고 있는 것이다.

《동아일보》, 1999.1.23.

(5)
일본 자위대
페르시아만 파병 중단하라

군국 일본이 드디어 발호를 시작하고 있다. 일본 정부는 유엔의 이름을 빌려 자위대를 페르시아만으로 파병키로 결정했다. 그들이 계획된 수순을 밟아 일본군은 페만 사태를 천재일우의 기회로 삼았고 일본 극우 세력은 이 기회를 놓치지 않고 일본을 새로운 제국주의화 하려고 강력히 기도하고 있다. 극우세력의 정체는 오늘날까지 우리의 역사를 의도적으로 왜곡하며 날조된 역사를 정당하다고 강변하는 '교과서 역사 왜곡의 배후세력' 바로 그들인 것이다.

이번 사태에서 또한 충격적인 것은 황도(皇道)주의 사관에 찌들어 신국가주의를 제창하던 소위 70대 이상의 전전(戰前)세대는 물론, 비교적 민주주의 이념에 충실한 일본의 다음 세대인 소위 뉴리더그룹인 40~50대의 젊은 정치인까지 모두 나서 평화헌법의 개정을 한 목소리로 외치며 일본군의 해외 파병을 주장하고 있는 점이다. 일본 정부와 극우 세력들은 자위대 파병이 결코 자의에 의한 것만이 아니라 미국의 강력한 요청과 이라크를 응징하려는 유엔의 일원이라는 변명을 잊지 않고 내세우고 있다. 그러나 일본은 페만 사태 훨씬 전부터 군국화의 야심을 꾸준히 획책해 왔다. 89년 9월 28일 일 방위청장관인 마쓰모토 주로는 자위대의 성격을 방어 위주에서 전진 방어 전략으로 수정했음을 공식 천명했고 뒤이어 10월 5일 중의원 회의석상에서 가이후 총리는 일본군의 해외 파병을 적극 검토 중이라고 밝혀 일본의 군국화 의지를 확실히 표명한 바 있다. 따라서 일본 정부의 자위대 해외 파병은 군국 일본 부활을 위한 대륙 진출 계획과 밀접한 관련을 가지며 치밀하고도 거대한 프로젝트에 의해 진행되어 왔음을 알 수 있다.

더욱이 비슷한 시기에 일본 교과서 역사 왜곡 행위를 지시한 문부성의 검정방법이 적법했다는 일본 법원의 판결은 양심이 실종된 일본의 극단적인 실상을 보여 준 사건이다. 군국화로 치닫기 위해 금세기의 역사마저도 철저히 왜곡하는 일본, 자신들의 죄악의 역사를 살균 처리한 채 과연 일본은 그들이 말한 것처럼 군국의 루비콘강을 건너려는가.

역사적으로 일본이 군국의 깃발을 휘두르며 도발할 때는 늘 상대의 허점이 있을 때 이를 노렸고 명분을 내세웠다. 1592년 임진왜란 때는 말할 것도 없고 1894년 청일전쟁, 1931년의 만주사변 당시에도 자국민 보호라는 그럴싸한 명분 앞에 항상 당하고 짓밟힌 곳은 한반도 이 땅이었다. 일본군이 패망해서 이 땅에서 물러난 지 45년이 지난 오늘날, 그들은 세계 최강의 군대가 되어 출병 준비를 서두르고 있다. 그들의 출병 목정이 어떻든 간에 불안하지 않을 수 없다. 그럼에도 불구하고 이 땅의 정치인들은 약속이나 한 듯이 입을 굳게 다물고 있고 강 건너 불구경하듯 하던 정부 역시 언론의 비판적인 질타에 마지못해 한마디 우려를 표명하고는 역시 침묵으로 일관하고 있다. 도대체 정부의 대책은 무엇이며 왜 이토록 일본에 소극적인지 이해할 수 없는 일이다.

《중앙일보》, 1990.10.29.

(6)
북한 핵 민족
자주 입장서 대처를

북한의 핵확산금지조약(NPT) 탈퇴 선언 뒤 지금 한반도에서
는 최악의 경우 무력 충돌 가능성까지 거론되는 심각한 상
황이 빚어지고 있다. 어쩌면 또다시 우리 민족은 외세에 의
해 원치 않는 민족적 비극을 맞게 되는지도 모를 긴박한 처
지에 놓여 있는 것이다. 지난 몇 년 동안 북한 핵사찰 문제는
매우 심각한 국제 문제로 대두되어 왔다. 그런데 우리는 이
과정에서 우리 민족의 의사와는 전혀 상관없이 한반도 문제
를 정략적으로, 감정적으로 좌지우지하는 강대국들의 횡포
를 참담한 심정으로 지켜보아야 했다. 예를 들면, 재작년 북
한 핵사찰 문제와 관련해 열린 미국 하원청문회에서 터져
나온 북한 핵시설 공중 폭격 운운한 그들의 주장은 이 땅에
사는 우리 모두에게 큰 충격이었다. 이번의 북한 핵확산금지
조약 탈퇴에 대한 강대국들의 대응도 마찬가지다.
국제법상 탈퇴 발효 시기가 3개월이나 남아 있고 이스라엘,
인도, 파키스탄 등 핵보유국으로 알려진 일부 국가들이 아

예 핵확산금지조약에 가입조차 하지 않고 있음에도 유엔 안보리와 미, 일 등은 북한에 무조건 강경 대응을 선언하고 나섰다. 특히 일본은 가장 신속하고도 예민한 반응을 보이며 유별나게 북한 핵문제에 대해 국제적 제재를 강조하고 있다. 우리 민족의 통일을 원치 않는 (여러 가지 근거와 정황으로) 일본은 남북한 카드를 동시에 쥐고 영향력을 행사하려는 속셈을 드러낸 것이다. 즉 일본은 이번 사태에서 남북한의 직접대화에 따른 해결방식을 가장 경계하고 있음을 보여 주고 있는 것이다.

그러므로 우리는 이번 사태를 통해 우리 민족의 운명과 위기를 스스로 극복하는 민족적 저력을 분명하게 보여 줘야만 한다.

김영삼 정권은 과거 외세에 의존하던 군사 정권과 다른 문민 정권으로서, 이번만큼은 국민적 합의를 통한 민족 자주정신으로 강대국들의 횡포와 정략에 강력히 대응하고 북한과의 대화에서 민족 공동체 정신으로 임할 것을 촉구한다.

또한 이번 사태에서 지나칠 수 없는 것은 북한이 이러한 극한 결정을 하게 된 배경이다. 내가 생각하기에 첫째 요인은 팀스피리트 훈련과 일본 자위대의 해외 파병이라고 본다. 그런 점에서 남북한 비핵화 공동선언으로 한껏 해빙무드에 젖어 지난해에는 실시하지 않은 한·미합동 군사훈련을 새 정권이 들어서자마자 대규모로 실시하여 북한을 필요 이상으로 자극할 필요가 있는가 묻고 싶다. 최근 공개된 미국 클린턴 행정부에 전달된 미국 아시아협회의 '한반도정책 건의서'는 북한을 자극하는 팀스피리트 훈련의 재검토 내지는 규모의 축소를 촉구하고 있다. 냉전체제가 종식된 상황에서 대규모 군사훈련과 노골적인 일본의 군국화에 따른 자위대 해외 파병은 북한을 자극하는 충분한 요인이 될 것이다.

최근의《뉴욕타임스》기사도 팀스피리트 훈련이 북한의 핵 사찰 분위기에 전혀 도움이 되지 않음을 강하게 충고하고 있다. 둘째는 노골적인 일본의 핵 개발 움직임과 강대국들의 적극적 방조를 지적하지 않을 수 없다. 일본은 현재 댜량의 플루토늄을 들여와 아오모리현에서 공공연하게 핵개발을 추진하고 있는 게 아닌가 하는 의혹을 받고 있다. 더욱 심각한 것은 국제정의와 평화에 반하는 강대국들의 공정하지 못한 처사다. 일본에 핵 원료인 플루토늄을 다량으로 판매하는 프랑스 등 서방 진영과 이를 수수방관하는 유엔과 특히 미국의 태도는 앞으로의 국제질서를 교란할 수 있는 위험한 작태로서 비난받아 마땅하다.

이러한 사태에 대해 지각 있는 세계의 군사 전문가들은 일본에 대한 심각한 우려를 제기하고 있다. 영국의 군사 전문가인 폴 비버와 미국의 패트리서 루이스 군축정보센터 소장은 일본이 북한을 자극하는 것에 분명한 경고를 던지고 있음을 우리 정부는 각별히 유념해야 한다. 이러한 상황을 종합해 볼 때 지금 북한 내부에서 무슨 일이 벌어지고 있는가는 정확히 알 수 없으나 북한은 어쩔 수 없이 핵확산금지조약 탈퇴라는 막다른 선택을 감행한 것으로 생각된다.

따라서 김영삼 대통령이 밝힌 대로 북한이 궁지에 처하는 것을 원치 않는 것이 정부의 분명한 의지라면 지금 즉시 정부는 외세를 배제하고 북한과 직접 '민족적 대의'와 '우리 민족의 내부문제'라는 관점에서 가슴을 여는 이성적 자세로 북한과 대화를 시작할 것을 촉구한다. 우리가 다시 한번 분명히 인식해야할 것은 이제 더 이상 이 땅에 전쟁은 없어야 하며, 우리 민족은 결코 더 이상 우리의 운명을 외세에 맡길 수 없다는 것이다.

《한겨레신문》, 1993.3.2.

(7)
일본 핵무기 개발
묵과할 수 없다

작년 12월 초 필자를 포함한 8명의 '對日침략청산촉구항의단'은 日本의 '진주만 공격' 50주년 기념식을 마치고 이어 유엔 사무총장을 방문했다. 그리고 우리는 유엔 사무총장에게 전달한 청원서를 통해서도 일관되게 日의 핵 개발과 자위대 해외파병을 중단시킬 것을 촉구하는 주장을 줄기차게 외쳤다.

그로부터 10개월 후 오늘 이 시점에서 우리가 필사적으로 반대하고 심각히 우려한 日本의 자위대 해외 파병과 플루토늄 도입은 현실 상황으로 전개되고 있음을 목도하고 있다. 2차 대전 이후 최초로 일본군 6백 명이 캄보디아로 파병되었고 10월 중 프랑스에서 플루토늄 1톤을 적재한 일본 수송선이 출발한다. 잘 알려진 바와 같이 플루토늄은 사용한 핵연료를 재처리한 것으로써 1톤이면 125개의 핵폭탄을 제조할 수 있는 엄청난 양이다. 또한 플루토늄의 해상 수송 도중 태풍 등 재난으로 사고가 발생하여 맹독성 물질이 대기 중에

퍼지게 되거나 바다로 유출된다면 상상을 초월하는 국제적 재난이 초래될 수도 있다.

지금 일본의 플루토늄 도입 문제는 국제 정치무대로 비화되어 전 세계가 들끓고 있다. 플루토늄을 평화적 목적으로만 사용하겠다는 日本의 강변에 귀 기울이는 나라는 전 세계에 한 나라도 없으며 우선은 해상 수송로의 인접 연안국 정부와 국민들이 결사반대를 선언했다. 아르헨티나, 브라질, 칠레, 우루과이 등 남미 4개국은 日本 플루토늄 수송선의 영해 통과를 불허한다는 공식 입장을 천명했다. 특히 남태평양에 위치한 나우르공화국 대통령은 영해 통과를 불허하는 초강경 선언을 직접 발표했다.

이런 와중에서도 日本은 플루토늄 도입을 강행하고 있으며 2000년까지 45톤의 플루토늄을 해상 수송할 계획이라고 한다.

그러면 일본의 의도는 무엇인가. 북한 핵처리 시설 건설을 노골적으로 반대하고 이라크의 핵무기 개발을 비난하는 日本은 아오모리현에 이미 핵개발에 대비한 우라늄농축 공장을 건설 중이다.

알려진 대로 우리나라는 지난 76년 미국의 압력으로 핵재처리 시설 포기에 합의한 바 있다.

이 시점에서 우리는 과연 속수무책으로 일본의 핵 개발을 지켜만 봐야 하는가. 한반도 침략과 2차 대전 도발 전과(前

過)를 갖고 있는 군국 일본이 지척에 있는 한 우리는 민족의 운명과 직결되는 日의 핵 개발을 더 이상 좌시할 수만은 없는 것이다.

정부와 국회는 과연 무슨 대책을 갖고 있는가. 국민을 안심시키고 민족의 장래에 대한 확고한 신뢰와 의지가 담긴 '對日종합대책'을 제시해 줄 것을 기도하는 마음으로 고대한다.

《동아일보》, 1992.10.22.

(8)
일본,
핵무장과 평화헌법 개정 긴급 대응해야

새해 벽두부터 국제 정세가 긴박하게 전개되고 있다. 세계 경제는 철저한 블록화로 재편되어 EC는 유럽의 경제 통합을 선언했으며 걸프해역에는 다국적군이 이라크를 공습하는 등 전운이 감돌고 있다. 日本은 거센 국제적 반대를 일축하고 플루토늄 수송선을 지난 5일 입항시켰다. 독일 역시 해외 파병을 서두르고 있으며 중국은 전례 없이 군비 증강에 박차를 가하고 있다.

특히 일본은 평화헌법을 개정하여 일본군의 전투 행위를 가능케 하며 추후에는 유엔의 동의조차 필요 없는 상시 파병 체제를 굳히기 위해 본격적인 검토 작업에 돌입했다. 지난 6일자 동아일보 톱기사는 일본은 이미 핵개발 준비를 완료했으며 핵강대국이 될 것임을 경고했다. 가히 충격적이면서도 국민에게 일본의 군국화 실체를 생생히 전달한 이 기사는 많은 국민들에게 경종을 울렸을 것이다.

오래 전부터 국내외의 많은 전문가들은 일본의 핵 개발과 군비 증강에 우려를 표하며 정부에 대책을 촉구해 왔다. 이러한 상황에서도 정부는 일본의 핵무장 가능성을 부인하는 안일한 정세 판단으로 일관하고 있어 실로 문제가 아닐 수 없다.

정치권 또한 전혀 다를 바 없다. 지척에 있는 일본이 연초부터 플루토늄을 대량 반입하는 심각한 사태인데도 국회 외무위 한 번 소집하지 않은 채 수수방관하고 있다. 아무리 정권 교체기라고 하지만 우리의 운명과 직결된 국제적 중대사에 대한 대응 의지의 결여는 평소 우리 정치권이 얼마나 국제 정치 흐름에 둔감한지를 여실히 보여 주고 있는 것이다.

냉전체제가 종식된 최근 국제 정세는 세기적인 변화를 일으키며 냉혹한 현실로 우리에게 다가오고 있다. 세계 도처에서는 민족 단위의 분쟁이 일면서 살육이 자행되고 기아에 고통을 받고 있다. 이 같은 민족 분쟁의 새로운 양상 또한 초강대국에 둘러싸인 우리 민족에 범상치 않은 도전임에 틀림없다. 우리 민족이 급변하는 국제적 환경에 대처하면서 생존과 발전을 이루려면 이런 세기적 변화에 응하는 새로운 주체적 전략이 절대 필요하다.

이제 한국 정치는 새롭게 거듭나야 한다. 10년, 20년 후의 국제적 변화를 예측 분석하여 장기적이고 치밀한 국가 목표를 수립해야 한다. 오늘날처럼 긴박한 국제 정세 속에서 과거의 낡고 무감각한 대응 방식으로는 우리의 미래를 장담할

수 없다. 지금은 한국 정치가 새로운 국제화 시대에 대비해
야만 하는 역사적 순간임을 인식해야 한다.

《동아일보》, 1993.1.20.

(9)
일본 핵 개발,
북 핵과 동시 규명 절실

21일자 '오피니언'면에 실린 외교안보연구원 윤덕민 교수의 「북핵성격논쟁 앞서 저지 총력을」이라는 글을 읽고 나의 견해를 밝힌다. 윤 교수는 북한 핵문제를 보는 진보·보수 인사들의 입장을 나름대로 정리한 뒤 지금은 논쟁에 앞서 북한 핵 개발을 저지하기 위한 국민적 합의를 이루어야 할 때라고 주장하고 있다.

그러나 우리는 '저지'라는 단순하고 부분적인 사안보다는 '민족적 문제'라는 대국적 입장에서 북한 핵 문제의 본질에 접근해야만 한다고 생각한다. 여기서 우리는 최근 북한에 대한 유엔 안보리의 제재 움직임이 긴박하게 전개되는 가운데 느닷없이 나온 일본 우익정치그룹의 배후 실세인 오자와의 발언에 주목할 필요가 있다고 본다.

오자와는 "북한은 분명히 1개 이상의 핵폭탄을 보유하고 있다."고 선언했다. 이 '오자와선언'은 한반도 위기상황을 부추겨 당시 국제 문제로 부각된 '일본 핵무장설'에 대한 관심을

'북한 핵무장설' 쪽으로 돌리려는 속셈이 아닌가 하는 의구심을 촉발시켰다. 일각에선 국제 사회의 이목이 북한 핵에만 쏠려 있는 동안 플루토늄 최대 보유 국가인 일본이 어떤 움직임을 보이는지 예의주시해야 한다는 견해도 나오고 있다. 북한 핵 문제를 굳이 '일본 핵 문제'와 연계시켜 파악하려는 이유는 북한의 핵 개발에 대해선 국제 사회의 여론이 비등한 반면 일본 핵 개발에 대해선 사실상 '묵인', '방조'하고 있기 때문이다.

비핵화 선언 이후 우리는 핵 위협에 완전 무방비 상태로 노출되어 있다고 해도 과언이 아니다. 윤 교수가 지적한 대로 북한의 핵무기 보유가 우리 민족의 자산이 될 것이라는 생각이 위험한 발상일 수도 있다. 그러나 분명한 것은 오늘날의 냉엄한 현실에서 우리가 아무런 준비도 없이 더 이상 비핵화 선언 준수만 외칠 때가 아니라는 것이다.

북한 핵 이상으로 우리 민족을 위협하는 것이 바로 일본의 핵이다. 지금부터라도 일본의 핵 개발 실상을 북한 핵과 더불어 철저하게 국제적으로 규명하고 규제해야만 한다. 오늘날의 북한 핵 문제는 이런 종합적, 민족적 제반 상황을 염두에 두고 신중하게 접근하고 대처하는 것이 절실함을 재차 강조한다.

《한국일보》, 1994.2.23.

(10)
일본이 나의 핵 원전 재앙 경고
받아들였다면

4년 전인 2007년 7월 27일자 《소통뉴스》에 필자는 「일본 핵, 원전사고는 세계의 재앙」이라는 칼럼을 올렸었다.

놀랍게도 필자의 일본 원전 폭발에 대한 경고는 너무도 정확히 현실로 맞아떨어져 섬뜩하기까지 하다. 다음은 《소통뉴스》에 게재되었던 칼럼 중 일부 내용이다.

"7월 16일 일본 니카타현의 리히터 규모 6.8의 강력한 지진으로 인해 가리와 원전의 방사능 대량누출 사건은 일본 원전 안전신화를 완전히 무너뜨렸다. 물론 '하마오카' 원전 같은 내진설계가 우수한 곳도 있다. 그렇지만 이곳 역시 진도 8.5 지진까지만 견디도록 설계되었다. 따라서 지구온난화 여파로 발생한 2004년 동남아의 쓰나미 같은 진도 9.0의 초강진이 일본 열도를 강타한다면 55개의 원전 중 과연 몇 곳이나 안전할지, 또 예상되는 대형 참사에 어떤 대응을 하고 있는지 일본 정부에 묻고 싶다."

라고 일본의 무모한 핵 원전과 플루토늄 보유를 강력히 비판하고 위험성을 경고한 바 있다.

일본 전역을 강타한 대지진으로 사실상 일본 열도는 최악의 공황 상황이다. 특히 잇따라 폭발하는 후쿠시마 원전의 제1호기, 제2호기에 이어 급기야 제3호기의 폭발 소식은 핵폭발에 버금가는 대재앙의 시작일 수 있다.

이미 인근의 일본 주민 21만 명이 방사능을 피해 긴급 대피했다고 하지만 이 문제는 일본만이 아닌 피해 예상 지역인 한국, 미국을 비롯한 태평양 연안국, 중국 등 국제적 문제로 확산되고 있다. 오늘 오전 폭발한 제3호기는 우라늄이 아닌 세계 최초로 플루토늄과 섞은 연료(MOX)를 사용하고 있기 때문에 그 독성이 우라늄보다 훨씬 더 강한 플루토늄의 방사능 피해범위가 2배 이상 넓어질 가능성이 점점 더 커지고 있다.

1986년 발생한 우크라이나 '체르노빌' 원전 참사는 소련이 초기에 방사능 누출 사고를 은폐한 때문으로 방사능이 기류를 타고 유럽의 영국, 독일, 오스트리아, 벨로루시 등으로 확산되어 수백만 명의 피해자가 발생되는 최악의 방사능 오염 사건으로 기록되었다.

필자가 속한 〈국제정의와 동북아평화포럼〉을 비롯한 20여 개 국내외 NGO(시민단체)들은 지난 20년간 끊임없이 일본 정부에 플루토늄 등 핵물질 보유 위험성에 강력히 경고해 왔다.

한편으로는 이를 지원하는 미국, 영국, 프랑스 등 서방에 강력히 항의하는 국제적 캠페인을 전개해 왔다.

필자를 비롯한 우리 NGO 운동가들은 1990년부터 미국, 프랑스, 영국 정부를 비롯한 UN, IAEA, OECD를 직접 방문해 일본의 핵 개발 지원 중단을 촉구해 왔다. 일본 정부가 공식 발표한 플루토늄 보유량이 무려 45,000kg이다. 히로시마급 핵폭탄을 무려 5,000기 만들고 남는 양이다.

미국의 저명한 핵확산방지 〈플라우셔어스〉재단 등 전 세계의 NGO들은 현재 일본 원전 사고를 세계사상 최악의 3대 사고로 규정하고 자칫 '대재앙'으로 번질 것을 경고하고 나섰다.

일본은 건곤일척의 결단을 내려야 한다. 이제 일본은 햄릿의 죽느냐 사느냐 이것이 문제라는 둘 중의 한 가지 선택을 해야 한다.

진도 9.0뿐 아니라 바다의 쓰나미, 화산 폭발 등 가공할 자연의 재해 앞에 겸허한 자세로 플루토늄을 폐기 처분하라. 전체 55기의 원전을 1/3로 줄이고 덜 위험한 우라늄 원료로 대체하라. 만일 일본이 핵폭탄 보유라는 망상을 갖고 플루토늄 폐기를 머뭇거린다면 또다시 반복이 예상되는 대지진이 발생할 경우 이번 사태에서 보듯이 핵폭발로 일본 열도도 함께 최후를 맞게 될 것임을 경고하지 않을 수 없다.

필자의 경고가 현실화되지 않을 것을 간절히 기도할 뿐이다

거듭 일본의 인류 평화를 위한 대의를 기대하며 전격적인

플루토늄 폐기라는 대결단을 촉구한다.

《소통뉴스》, 2011.3.28.

(11)
일본,
한반도 정보 수집 행위 강력 대응하라

한마디로 충격적인 사건이 발생했다.《동아일보》6월 27일
자 1면 톱으로 보도된「일본 후지TV 서울지국장 연행」기사
는 그동안 소문으로만 떠돌았던 재한 일본인들의 은밀한 고
급 정보 수집 행위가 사실임을 분명하게 밝혀 주었다.

더욱 놀라운 것은 현역 장교인 소령이 군사기밀 유출 행위
를 자백하면서 밝힌 범행 동기다. 그의 진술에 의하면 군 고
위층과 가까운 시노하라 특파원에게 진급을 부탁할 목적으
로 군사기밀을 넘겨주었다고 했다. 일말의 민족관도 국가관
도 저버린 채 자신의 안위를 위해서는 이적 행위와 간첩 행
위도 서슴지 않는 한 젊은 군인의 썩은 출세욕과 기강이 무
너진 군의 정보 관리 체계에 개탄과 울분을 금할 수 없다.

특히 그가 빼돌린 군사기밀 중에는 우리의 통일 과정과 통
일 후의 군사력 사항에 대한 자료가 포함되어 있었다. 노골
적으로 우리 민족의 통일을 방해하는 다케무라 겐이치 같은
일본 우익세력들에게 군사적 팽창의 구실과 논리를 강화시

켜 줄 수 있는 이번 군사기밀 유출 사건은 사안의 중차대성을 인식하여 그 배후(한일 양국)와 진상을 철저히 규명해서 국민들에게 밝혀야 할 것이다.

아울러 정부가 반드시 짚고 넘어가야 할 것은 이번 사건 외에 또 다른 분야에서 또 다른 방법으로 국가기밀이 유출되는 일은 없는가에 대해 철저하게 검증하는 계기로 삼아야 한다.

특히 과거 역대 군사 정권 시절부터 일본을 자주 드나들며 일본 우익 정치 세력과 지나치게 밀착되어 있는 일부 고위 정치인들을 우리는 예의 주시해야 할 것이다.

몇 년 전 어느 월간지에서 우리나라에 거주하는 일본의 언론인, 외교관, 상사주재원들의 실상을 분석, 취재한 기사를 읽고 이들의 우리사회 전반에 걸친 철저하고도 광범위한 정보 수집 행태에 큰 충격을 받은 적이 있었다. 국회의원을 비롯한 정치인들이 빈번하게 출입했던 종로 부근의 음식점 일대에서는 이들이 사석에서 나눈 대화 내용이 곧바로 일본 정보수집가들에게 전달되는 사실이 밝혀지자 경찰이 집중 수사를 벌인 적도 있다고 한다. 일단 인간적인 관계가 형성되면 음양으로 도움까지 주는 등 각별한 관계를 유지한다. 그 이후에는 그들의 목적을 위해 어떤 공작이 펼쳐지는지 이번 고영철 소령 사건을 통해 쉽게 알 수 있다.

일본의 군사대국화, 정치대국화의 거센 바람이 한반도를 비

롯한 동북아 정세를 긴장시키고 있다. 일본 열도의 최근의
빠른 변화를 지켜보며 확연치는 않지만 본능적인 위기를 느
끼는 사람들이 늘어나고 있다.

지금은 우리 모두가 정신을 차려 일본과 일본인들의 친절과
미소 뒤에 감춰진 날카로운 비수를 바로 볼 때가 아닌가 생
각한다.

《동아일보》, 1993.7.1.

(12)
한반도 운명 직시,
국익 정치 펼쳐라

지금 우리에게 진정한 의미의 국익을 추구하는 정치는 과연 존재하는가? 이 혹독한 아이엠에프(IMF) 체제하에서 우리가 겪는 고난이나, 지난 5천 년 간 지켜온 우리 바다의 황금어장을 일본에 내어준 것은 따지고 보면 국익을 추구하기보다는 지역이나 정파의 개별 이익에 몰두한 정치권과 관료 집단의 고질적 병폐와 무능함에서 비롯된 것이 아닌가.

지난 94년 북한 핵 위기와 관련해 미국이 준비했던 한반도 전쟁 계획 과정에서 당시 김영삼 정부는 철저히 소외된 채 우리 7천만 민족의 운명이 한순간 남의 손에 넘어가 있었던 사실은 우리에게 형용키 어려운 비통함과 참담함을 안겨 준다. 그런데 지금의 한반도 현실 또한 94년과 흡사한 민족적 위기 상황에 닥쳐 있다.

이미 재무장을 완료한 일본군이 지금이라도 한반도 우리 동네 앞마당까지 쳐들어올 수 있는 미일방위협력 법안이 일본 국회를 통과해 우리의 운명을 또다시 위협하고 있는데도 정부와 여야 정당은 꿀 먹은 벙어리처럼 침묵으로 일관하고 있다.

중국 정부와 정치권의 즉각적이고 강력한 대응과는 너무도 판이하게 한국 정부와 여야 정당은 지금 이 순간에도 눈앞의 작은 정파적 이익에만 급급해 진흙탕 싸움을 벌이고 있다. 국익을 팽개친 한국 정치의 현실에 국민은 깊이 절망하고 있다. 장쩌민 중국 국가 주석이 일본 왕을 향해 역사 왜곡과 군국주의의 중단을 강력히 직접 경고하는 당당한 모습이나, 미국의 잭슨 목사가 위험한 적지 유고에 뛰어들어 미군 포로 3명을 구출해내는 것을 보면서 국익 제일 우선 정치를 몸으로 실천하는 그들의 애국적 모습에 부러운 마음을 금할 길 없다.

우리도 국익 정치 시대를 개막하자. 21세기 민족 부흥과 번영을 위한 한국 정치의 국익 지키기는 우리의 운명을 지키기 위한 마지막 보루임을 명심하자. 초야에 묻혀 있던 김대중 아태재단 이사장이 야인의 신분에서도 94년 북한 핵 위기를 몸으로 막아 국익에 기여했듯이, 대통령과 야당 당수는 국익을 위해 지금 당장 협력의 손을 맞잡아야 한다. 여야를 초월한 21세기 국익 정치의 개막은 어떤 정치 개혁보다도 소중한 민족적 국가적 이익을 우리에게 안겨 줄 것임을 확신한다.

《한겨레신문》, 1999.8.12.

(13)
수요 집회 1000번째,
피눈물의 20년, 세계가 지켜보고 있다

분노와 눈물의 한 맺힌 20년 세월.

일본 종군위안부 범죄 피해자들의 일본 대사관 앞 수요 집회가 오늘로 1000번째를 맞았다. 이는 전 세계 역사상 유래가 없는, 사상 초유의 끈질긴 비폭력 항의 시위로 기록됐다. 20만 명의 한국 여성들을 강제로 전쟁터로 끌고 가 능욕하고 학살한 인류 최악의 반인도적 범죄 행위이자 일본은 국제 사회의 거센 사죄 요구에도 오직 범죄 사실을 은폐하고 왜곡하는 표리부동함으로 일관해 왔다.

특히 2003년 범죄 사실을 인정한 일본 정부가 이번에는 1965년 한일청구권 협정으로 종군위안부 배상 의무가 소멸되었다고 주장하는 것은 국제 사회에 큰 충격을 주었다. 소위 한 국가로서 품위를 스스로 포기한 낯 두꺼운 일본의 부도덕성을 여실히 보여 주는 것이다.

그렇기 때문에 한국 정부는 인류의 보편적 가치인 정의와 양심을 부정하는 일본의 반인도적 행위를 더 이상 좌시해서는 안 된다는 여론이 비등하다.

예를 들어 유럽연합의 홀로코스트, 즉 유대인대학살법처럼 전쟁 범죄 행위를 부인하는 발언만 해도 즉시 체포해 징역형에 처하는, 아시아판 홀로크스트 국제법을 제정해 일본에 강력히 경고해야 한다는 게 전문가들의 의견이다.

이러한 측면에서 무엇보다 중요한 것은 우리 정부의 자세다. 헌법재판소가 위헌판결을 통해, 위안부 피해자인 대한민국 국민을 보호하는 것은 국가의 의무라고 규정하고, 정부에 즉시 외교교섭을 실행할 것을 촉구한 것은 온 국민의 마음을 대변한 것이라고 확신한다.

그럼에도 불구하고 APEC 등 연이은 한일정상회담에서 이명박 대통령이 일본 총리에게 종군위안부 문제를 거론조차 하지 않은 것은 매우 유감스러운 일이다. 이는 빈약한 자국민 인권 보호 의지와 역사 인식에 따른 것으로 많은 국민이 크게 실망하고 있다. 아무리 화려한 수식어로 1조 달러 세계 무역 대국을 내세워도, 제 나라 국민을 지키지 못하고 차가운 시멘트 바닥에 방치한다면 이는 국가로서 정부로서 무능함의 전형이고 결국 국민의 지지를 잃게 될 것이다.

우리는 우리 정부가 총력 전방위 외교를 펼쳐 인류 정의와 역사를 바로 세우고, 통곡하는 위안부 피해자 우리 할머니, 어머니들의 눈물을 닦아 드릴 것을 간절히 기대한다.

CBS《노컷뉴스》, 2011.12.14.

◆

에필로그

"일본 '후쿠시마' 핵 원전 폭발 원인은 막대한 '플루토늄' 비
축 때문, 일본 정부의 전량폐기 결단이 지구촌 살리는 길."
 – 저자, 독일 쾰른 그린피스(Green Peace) 활동가 캠프 방문
당시 현장 토론장에서(2015.8.)

나는 일본 군국주의와 핵무장 저지 응징을 위해 지난 30여 년
간 UN, 워싱턴, IAEA, 베이징, 파리, 도쿄, 뉴욕 등 전 지구적으로
일본 군국 세력 및 지원 세력들과 치열하게 싸워 왔다.

초강대국 미국을 등에 업은 일본과의 싸움은 버거웠다. 또 미국
과의 야합으로 일본에 핵무기 제조용 '플루토늄'을 판매해서 이익
을 취해 온 프랑스, 영국 등과의 싸움 역시 힘든 투쟁이었다. 다만
미국과 프랑스에서는 미국의 오판과 단견에 반대하며 국제정의와
평화를 원하는 많은 지도급 인사들이 저자에게 힘을 보탰음을 이
책을 통해 감사드린다.

일본 군국주의, 핵무장 저지와 응징은 인류의 보편적 가치

나는 이 보기 드문 오랜 기간의 국제적 항일 투쟁과 일본 응징을 통해서 '아놀드 토인비'의 역사를 대하는 심오한 정신을 깊이 느낄 수 있었다. '토인비'는 그의 명저『역사의 연구(A Study fo History)』에서 '도전과 응전'의 과정과 성패를 '창조적 소수(Creative Minority)'의 역할이라는 매력적인 용어로 표현했다. '창조적 소수'의 역할이 정상적이고 합리적일 때 인류와 문명은 건재할 수 있다고 주장했다. 이들의 역할은 문명의 위기를 미리 간파함으로써 성찰의 힘으로 도전에 올바른 응전의 방향을 제시할 수 있기 때문이다.

반대로 '토인비'는 창조적 소수가 '지배적 소수(Dominant Minority)'로 전락하는 이유는 사명감을 상실한 채 기득권에 연연할 때 그 사회는 쇠퇴와 멸망의 길을 걷게 된다고 경고했다.

역사의 교훈은 제국의 몰락에서도 가능한 경우다. 신성 로마제국과 대영제국에서 보듯이 미국의 침체가 몰락이 시작되고 있음을 부인할 수는 없다.

왜 미국은 '유엔 적국' 일본을 다시 재무장시켜서 인류에 반하는 반역의 길을 재촉하는가? '토인비'는 미국이 자초한 이기욕의 역사를 '도전과 응전'의 과정으로 미리 예측하고 있었는지도 모른다.

저자인 나는 1990년 당시 주한 미국 대사관의 '도널드 P. 그레그' 미국 대사를 만났다. 나는 '그레그' 대사에게 "미국의 일본 재무장 허용은 용납할 수 없는 반인류적 폭거로서 즉각 취소되어야 한다."고 항의했다.

창조적 소수의 용기 있는 행동이 인류와 문명을 지켜

특히 "군국주의 부활의 신호탄인 일본 자위대 유엔평화유지군 파병 허용은 미국의 신뢰와 도덕성에 치명적 오점이 될 것."임을 강력히 경고했다.

34년 전인 1990년 10월 저자는 '그레그' 미 대사에게 역사적 서한을 보냈다.

"「도널드 P. 그레그」미국 대사님,
미국은 일본의 PKO 자위대 해외 파병을 즉시 중단시켜야합니다. 맥아더 장군이 만든 일본 '평화헌법' 안전장치를 미국이 풀어주고 일본을 군사 재무장시키는 행위는 미국 정부스스로 국제 평화를 파괴하고 인류의 공적이 되는 최악의 사태임을 공개 경고합니다. (중략)

'그레그' 미국 대사님,

미국은 지금까지는 표면에 나타나지 않은 한국과 미국 간의
역사적 갈등 (테프트·가츠라 미·일밀약 등) 과 양국의 상충점
을 현명히 조정해야 하는 숙명적 과제(샌프란시스코 강화회
담 등)가 산적해 있습니다. (중략)"

저자가 보낸 30여 년 전의 미국 대사 서한은 지금 살펴봐도 미
국의 정책적 오류와 시대적 단견을 공격하고 비판하는 내용들이다.
　서한의 핵심인 '국제정의를 파괴하는 반역사적 행태'에 대한 지
적은 신랄하고 매섭다. 저자의 강력한 항의가 담긴 서한에 대한 '그
레그' 대사의 답신이 1990년 11월 도착했다.

"박경철 선생님,
본인은 미국 대사로서 박 선생님의 일본 재무장에 대한 항
의와 심각한 우려에 대해 깊이 공감하고 있습니다.
또 본인은 일본 군국주의 침략과 군사적 행동으로 희생된
많은 한국인들의 분노의 공통적 감정을 잘 이해하고 있습니
다. (중략)
분명한 사실은 일본 자위대는 방위를 목적으로 한 원칙으로
사용되어야 한다는 국제법과 UN의 노력에 협력해 줄 것을
믿고 있습니다.
(중략)
박 선생님의 상호 고려할 수 있는 문제를 사전에 조정할 수

있는 선린외교 관계 의견에 적극 공감합니다."

그레그 전 미국 대사 '가츠라·테프트' 미·일 밀약이 한반도 분단의
원인이라고 한국 언론에 밝혀

미국 부시 대통령 행정부에서 백악관 안보보좌관을 역임했고 CIA 핵심 출신으로 거물급 외교관인 '도널드 P. 그레그' 주한 미국 대사는 은퇴 후에도 활발한 활동을 벌였다. 고령이지만 뉴저지 자택에서 건강하게 지내며 수차례 한국 특파원들과 인터뷰를 했었다.

"1945년 한반도 분단에 미국은 책임이 있으며 한국인들에게 늘 미안한 마음을 갖고 있다고 공개 언급을 해서 주목을 받았다.
'그레그' 전 미국 대사는 한반도 분단의 원인이 된 1905년 미·일의 '가츠라·테프트 밀약'으로 인해 1945년 한반도 분단과 6·25 한국전쟁이 발발한 것이라고 술회하며 자신은 늘 한국인들에게 마음의 빚이 있다고 고백했다."

일본은 인류 사회의 공적으로 규정된 '유엔적국(UN Enemy-State Clauses)'이다. 1945년 6월 적국으로 결정되었고 당연히 지금 2024년 현재까지도 변함없는 '유엔적국'이다.

미국은 1951년 '샌프란시스코 강화회담'에서 한국을 일본과 전쟁을 벌인 사실이 있는 교전국 지위를 인정하지 않았다. 상해 임시정부가 일본에 공식 '선전포고'를 했고 독립군, 광복군, 의병들이 국내외에서 조선의 독립을 위해 수십 년간 무장투쟁을 벌인 역사적 증거들이 차고 넘치는데도 미국은 끝까지 한국을 '승전국'에서 제외시키는 반역사적 횡포를 저질렀다.

반면, 일본에게는 전범의 낙인을 떼어 주고 면죄부를 부여했다. 미국은 회담 초기부터 일본의 로비와 간계에 취해서 2차 대전 종전 회담과정에서 한·일 관계의 핵심인 '독도'와 한국인 학살, 강제연행 등 과거사 문제 등에 대해 일본의 주장에 손을 들어줬다. 중차대하고 공정해야 할 국제 질서 구축과 국제법 집행 과정에서 첫 단추부터 잘못 시작된 역사적 사실들이 오늘 이 시점에 진실처럼 굳어졌다. 거듭 강조한 바와 같이 미국의 일반적인 일본 편향적 정책과 자세가 지금 동북아의 시한폭탄이 되어 극도의 긴장감 속에 한일 간 대립이 계속되고 있다.

일본의 간계와 미국의 일탈이 전후 민주주의 질서를 파괴했다

미국은 또 한민족 수백만 명을 학살하고 유린한 2차 대전 최고 전범의 수괴 '히로히토'를 살려 줬다. 응징은 고사하고 모든 죄를 사면하는 반역사적인 결정에 국제정의는 붕괴되었다. 이는 '뉘른베르크' 나치 전범재판에서 나치 전범들을 역사법정에 세워서 교수형으로 전범 수괴들을 단호하게 처형시킨 것과는 전혀 다른 참담한 결과였다.

특히 '독도' 문제는 미국의 우유부단한 결정과 일본의 간계에 의해 오늘 이 시점 한일 간 첨예한 대립과 갈등을 빚는 대표적 현안이다. 당연히 원래 한국의 영토를 2차 대전 종전과 식민지 해방 이후 전후 처리 과정인 '샌프란시스코' 회담의 불법과 반역사적 음모와 오판은 미국과 일본의 1905년 가츠라·테프트 밀약의 원죄에서 비롯된다.

아베의 반역사적 역사 왜곡을 전 세계적으로 단죄했던 세계적 역사학자인 미 코네티컷대 '알렉시스 더든' 교수는 2015년 8월 저자와 만난 자리에서 "'독도'는 미국이 참여하지 않으면 해결되지 않는 유일한 '역사 문제'."라고 개탄을 했던 기억이 새롭기만 하다.

2차 대전 전후 처리 과정에서 미국이 일본 대신 한반도를 분단시켜서 희생양을 만든 것은 1905년 있었던 미국과 일본의 '가츠라·테프트' 밀약의 연장선상이라고 할 수 있다.
그러나 분명히 짚고 가야 할 것은 일본 대신에 한반도 한민족이 분단되어 지금 이 시간까지 전쟁과 동족 간의 갈등과 대립, 원한과 번민의 오랜 세월을 극심한 고통 속에 살아야만 하는 것이 미·일의 추악하고 비양심적 음모와 간계로 점철된 파괴적 역사임을 한민족은 결코 잊어선 안 되며 반드시 바로잡고 전체를 원상 복구시켜야 한다.

일본은 한민족을 절멸시키려 했던 끝까지 싸워야 할 '쟁투적' 대상

따라서 한민족 구성원에 있어서 '일본'이란 존재는 단순한 지배자와 피지배 속국이 아닌 한민족을 '절멸'시키려 했던 '한민족 적국'이고 전 인류의 적인 '유엔적국'임 또한 분명히 기억해야 한다.

또 지난 80여 년간 한민족의 피눈물과 파괴적 고통을 이용해 권력을 누려온 일본 극우 세력들은 한반도를 겨냥해 획책하고 있는 분단된 한반도 남북한을 이간질시키고 혐한론과 정한론을 돌아가며 일본인들에게 전파시켜 핵무장과 군국주의 부활을 통해 다시 한반도 침략을 시도하고 있다.

우리 한민족은 반드시 일본의 전쟁 범죄와 식민 지배 중 700만 명을 상회하는 한국인 학살과 강제 연행 수탈과 착취, 예속과 속박의 책임을 묻고 사죄와 배상을 받기 위해 끝까지 일본을 응징해야 할 '세계적 쟁투'의 대상이다. 결국 '일본 응징'은 국제정의와 역사를 바로 세우고 인류의 보편적 가치인 세계평화를 실현하는 전 지구적 목표다.

일본의 비정상적 사고가 세상의 시류 흐름을 방해하고 있다

일본의 양심이라 불리우는 노벨문학상 수상자 '오에 겐자부로'와 일본을 대표하는 소설가 '무라카미 하루키'가 주도하는 '일본 군국주의 부활 반대' 시민집회에 일본인 10만 명이 참석하는 것도 나는 지켜봤다. 그러나 그 당시, 그때뿐이었다.

지금 이 시대를 한마디로 정의하고 평가할 수 있다면 기시다 슈가 지적한 바와 같이 지금은 '미국과 일본, IAEA 모두가 정신분열을 앓고 있는' 위험한 시대다. 그리고 '혹세무민'의 시대다. 비정상적 사고와 판단이 세상의 시류의 흐름을 방해하고 있다.

내가 1994년 최초로 '도카이무라' 핵 원전의 '플루토늄' 70kg을 일본 정부가 조직적으로 빼돌린 사실을 IAEA에 강력히 항의했었고 IAEA는 사실을 부인했지만 이미 IAEA의 위선과 거짓, 미국과 일본의 신뢰와 공정성은 흔들리고 있었다. 그 이후인 2012년에도 일본 정부는 규슈전력의 '겐가이' 핵 원전에서 핵폭탄 80개 분량의 '플루토늄'을 빼돌리는 파렴치한 범죄를 되풀이했고 IAEA는 묵인한 공동 정범이다.

불경의 아귀, 배가 터지도록 플루토늄 먹는 일본 폭발 직전 상황

불경에 등장하는 '아귀'와 같이 비유컨대 먹어도 먹어도 배부르지 않아 배가 터지도록 '플루토늄'과 '우라늄' 핵물질을 30여 년간 집어삼킨 일본과 IAEA는 '후쿠시마 핵 원전 대폭발'이라는 전 지구적 재앙을 스스로 자초했다는 오명을 벗을 수 없다.

2023년 7월, 도쿄 G7 정상회의 모두 만장일치로 후쿠시마 핵 오염수 방류를 찬성했다. 단 한 국가도 인류의 생명과 건강을 위한 안위에 문제를 제기하거나 반대 없이 일본과 IAEA 편을 들었다는 것은 인류 역사상 가장 최악의 리더십이었고 불행한 사건이었다. 훗날 인류사에 가장 부끄러운 오점이 될 것이고 G7의 행위는 70억 지구촌의 인류를 배신한 '가룟 유다'와 같은 존재로 '시지프스'와 같은 형벌을 면치 못할 것이다.

유엔 적국이자 전범국 일본의 핵무장을 위해 일본에게 '플루토늄'을 판매하고 막대한 이익을 챙긴 핵보유 강대국의 이성과 양심을 잃은 천박한 배금주의 놀음에 전 세계가 분노할 것임은 시간문제가 아닐까 생각한다.

일본 플루토늄 폐기해야 인류 살릴 수 있어

일본 핵과 플루토늄은 일본과 미국, IAEA만의 문제가 아닌 인류 공동의 과제임이 명확하다. 미국과 UN이 지금 즉시 결단하지 않으면 핵폭탄 20,000개 이상을 즉시 양산할 수 있는 세계 최대의 '플루토늄(Plutonium)' 100톤과 '농축우라늄'으로 일본 55개의 핵 원전은 차고 넘쳐서 더 이상 비축 공간이 없다. 이 세계 최대의 핵 물질을 지금 즉시 인류 공동의 참여와 지혜로 100% 안전지대로 이적시키거나 폐기처분하지 않고 만일의 경우 진도 8 이상의 초강진이 계속되는 일본 동북부 핵 원전에 방치할 경우 도미노적 연쇄 대폭발이 발생할 가능성이 높으며 플루토늄 100톤 이상의 대재앙의 참화가 발생할 경우 북반구 즉 아시아 태평양 전 지역과 북미 대륙은 그 축이 사라지는 비유컨대 핵 아마겟돈(Amageddon)으로 공멸할 것이다.

이미 후쿠시마 핵 재앙은 참혹한 후유증인 죽음의 핵폐기물 해양 방류의 엄혹한 경고를 발령한 지 오래다.

반대로 어마어마한 핵(核)의 위력을 무기화하는 일본의 핵무장은 상상조차 하기 싫은 끔찍한 대재앙의 전주곡이다.

부록(사진 및 자료)

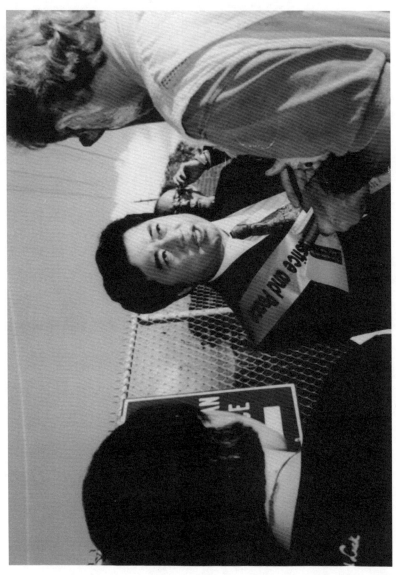

30대 청년 당시 미 CNN, NBC, PBS, LA타임즈, 스타블루틴 신문 등과 외신 기자회견, "미국은 일본 핵무장 지원 즉시 중단하라!", 미 하와이 진주만 피습 50주년 기념식장에서.(1991.12.7.)

30대 청년 당시 미 CNN, NBC, PBS, LA타임즈, 스타블루틴 신문 등과 외신 기자회견,
"미국은 일본 핵무장 지원 즉시 중단하라!", 미 하와이 진주만 피습 50주년 기념식장에
서.(1991.12.7.)

30대 청년 당시 미 CNN, NBC, PBS, LA타임즈, 스타블루틴 신문 등과 외신 기자회견,
"미국은 일본 핵무장 지원 즉시 중단하라!", 미 하와이 진주만 피습 50주년 기념식장에
서.(1991.12.7.)

일본 자위대 해외 파병 중단 및 항의 외신 기자회견, 서울-광주 430km 항의 도보행진, 서울 3·1운동 발상지, 탑골공원(1991.8.29.)

김국주 광복회장 등 원로 애국지사들과 주한 일본 대사관, 일본 정부에 역사 왜곡 항의규탄 성명 발표(2000.10., 주한 일본 대사관)

미 뉴욕 UN대표부 방문, 노창희 수석대사와 신기복 대사에게 일본 핵무장 저지 전방위 외교 촉구함(1991.12.5.)

유앤(UN) 본부 앞 외신기자회견 "UN과 미국은 UN적국 일본 핵무장을 중단시켜야"
(뉴욕유엔본부, 박경철대표 1991. 12. 11)

UN본부 앞에서 일본 핵무장 지원 중단촉구 외신 기자회견(1991.12.11.)

주한 일본대사관에서
(1986.7.29)

저자가 20대 청년 시기 주한 일본 대사관 방문, '요시히사 아라' 공사에게 '역사 왜곡'에 항
의하며 사과 요구함(1986.7.29.)